Zypern

Nikos Varelas

DUMONT direkt

Ideal für Familien: der Strand von Agía Nápa

Inhalt

Kalós oríssate!

Zu Gast auf Zypern

Orte von A bis Z

Nur wenige Kilometer von den Hotelsiedlungen: das ursprüngliche Zypern

12 Highlights

Inhalt

Extra-Touren

Stadtpläne

20 Reisetipps Zypern

Zypern im Internet

Surftipps

Die meisten zypriotischen Seiten sind in Englisch verfasst. Nur selten werden Inhalte auf Deutsch angeboten.

Hotelbuchung

Neben den bekannten Seiten von Reiseveranstaltern, Reiseportalen und Lastminute-Anbietern bieten einige Hotels auf Zypern auch die Möglichkeit, Zimmer direkt über das Internet zu buchen. Meist sind dafür Kreditkarten-Details anzugeben.

Web-Seiten in Deutsch

www.visitcyprus.org.cy Äußerst ergiebige Website der Cyprus Tourism Organisation mit vielen Informationen auch zu Sehenswürdigkeiten und Museen, Kirchen und Klöstern, Botschaften, Hotels, Verkehrsverbindungen usw. Auf jeden Fall ein Muss bei der Reisevorbereitung!

www.nordzypern-touristik.de Die sehr ausführliche Homepage der nordzypriotischen Touristikzentrale in Deutschland. Auf jeden Fall einen Blick wert, auch wenn man pauschal nach Südzypern reist.

www.zypern.com Von der Handelsabteilung der Botschaft Zyperns erstellte Internetseite.

www.fener-reisen.de Homepage eines deutschen, auf Nordzypern spezialisierten Reiseveranstalters.

www.zypern-forum.de Chatforum mit vielen Links, umfangreiche Fotogalerie, in die jeder Bilder einstellen kann.

Web-Seiten auf Englisch

www.cyprus-hotels.com Ausführliches, aber nicht komplettes Hotelverzeichnis mit direkten Links zu den Hotels, vielen Fotos, aktuellen Preisen und direkten Buchungsmöglichkeiten. Eine gute Möglichkeit, auf Zypern schon von zu Hause aus ein Hotel zu wählen und zu buchen.

www.windowsoncyprus.com Die beste kommerzielle Website für Urlauber. Aktuelle Wechselkurse, ausführliche Informationen zu Agrotourismus, traditionellen Hotels und Häusern, Mietwagenpreisen, Sportmöglichkeiten Vermittlung von Brieffreundschaften, englischsprachiges Chat-Forum.

www.cyprus-mail.com Englischsprachige Tageszeitung der Insel. Wird täglich außer montags aktuell ins Netz gestellt.

www.cybc.com.cy Homepage des staatlichen Rundfunk- und Fernsehsenders. Radio- und TV-Programme live auf dem Bildschirm.

www.cyculture.net Informationen, Adressen und Links für alle mit speziellen Interessen, z. B. Vogelbeobachtung, Golf und Reiten, traditionelles Kunsthandwerk und Trekking-Touren.

www.unficyp.org Offizielle Website der UN-Friedenstruppen auf Zypern. Infos über ihre Arbeit und den Friedensplan des früheren UN-Generalsekretärs Kofi Annan.

www.kypros.org Viele Links zu offiziellen Institutionen der Insel, aktuelle Wetterinfos. Wer Real Player o. Ä. installiert hat, kann hier auch zypriotische Radio- und Fernsehsendungen empfangen, Videoclips sehen und Neugriechisch lernen.

www.discoverayianapa.com Umfangreiche kommerzielle Website nur zu Agía Nápa, mit vielen Fotos, Chat-Forum und Job-Börse.

www.discoverprotaras.com Kommerzielle Website nur zu Paralímni und Protarás.

Kalós o

So heißt man Fremde und Freunde auf Zypern willkommen. Traditionell gibt es für beide ohnehin nur ein Wort, nämlich ›Xénos‹, was schlicht Gastfreund bedeutet. Gastfreundschaft zeigt sich auf der Insel, die als Heimat der Liebesgöttin Aphrodite gilt, nicht mehr so sehr in Form von Einladungen zu Speis und Trank – dafür kommen einfach zu viele Touristen. Was man ihnen bietet, ist aber wohl noch

ríssate

viel mehr wert: Freundlichkeit, Höflichkeit und ein überall spürbares Bemühen, dem Gast den Urlaubsaufenthalt so angenehm und einfach wie möglich zu machen. Vom großen Problem Zyperns, der Teilung der Insel seit 1974 in einen griechischen und einen türkischen Teil, spricht man nur, wenn der Ausländer es will, obwohl keine Frage die Menschen mehr bewegt.

Willkommen

Auch wenn die Küste Boomland ist: Im Gebirge wird es einsam

Wo die Götter Urlaub machen

Zypern ist nach Sizilien und Sardinien die drittgrößte und zugleich die östlichste Insel im Mittelmeer. Geographisch gehört sie bereits zu Asien, kulturell aber eindeutig zu Europa. Ihre Form wird oft mit der einer Pfanne verglichen: der lange Stiel ist die Karpasía-Halbinsel, die mit ihrer Spitze ins Grenzgebiet von Türkei und Syrien zeigt.

Landschaftlich ist Zypern klar gegliedert. Die Nordküste wird vom über 100 km langen, aber nur wenige Kilometer breiten Kerýneia-Gebirge gesäumt, dessen höchster Gipfel auf 1024 m Höhe ansteigt. Daran schließt sich südlich eine fruchtbare, etwa 25 km breite Ebene an, die von der Bucht von Mórfou im Westen bis nach Famagusta im Osten reicht. Auf Griechisch heißt sie Mesaória, ›zwischen den Bergen‹. An ihrem Südrand steigt nämlich das mächtige, bis zu 1951 m hohe Tróodos-Gebirge auf, das weite Teile der Inselmitte und des Westens bedeckt.

Grün und fruchtbar

Zypern ist eine fruchtbare Insel, obwohl es keinerlei Flüsse und nur sehr wenige ganzjährig wasserführende Bäche gibt. Aber die Zyprioten haben in den letzten vier Jahrzehnten zahllose Stauseen angelegt, die die winterlichen Niederschläge auffangen. Viele hundert Kilometer Wasserleitungen haben weite Flächen in fruchtbare Felder und Plantagen verwandelt. So steht das ganze Jahr über genügend Trinkwasser für die Bevölkerung und für die Bewässerung der Felder zur Verfügung. Zyperns Natur ist unerhört vielfältig. Es ist eine der waldreichsten Inseln im Mittelmeer, immerhin ein Fünftel der Fläche ist baumbestanden. Durch die großen Höhenunterschiede kann man die artenreiche Flora viele Wochen lang blühend erleben: Pflanzen wie die Zistrose, die im Tiefland im April schon welken, stehen noch Ende Mai in den Bergen in voller Blüte.

Angebaut wird vielerlei. Im Norden des Kerýneia-Gebirges gedeihen Orangen und Zitronen vortrefflich. Weite Teile der Mesaória-Ebene sind im Frühsommer bis in den Juni hinein wogende Getreidefelder. Im Gebirge wächst der Wein bis in Höhen von über 1000 m hinauf; Obstbäume tragen Äpfel, Birnen, Pflaumen und Kirschen; vielerlei Arten von Nüssen gedeihen dort auch. In der flachen Landschaft zwischen Lárnaka und Agía Nápa mit ihren rötlichen Böden erzeugt man Frühkartoffeln, die auch nach Deutschland exportiert werden. In den Küstenregionen um Limassol werden außer Zitrusfrüchten, Erdbeeren und Wein auch allerlei exotische

Das Leben genießen, das Leben als Fest: Überall auf Zypern spürt man südländische Lebensfreude

Früchte wie Kiwis und Avocados geerntet. Östlich von Páfos produziert man Erdnüsse, westlich der Stadt geschmacksintensive, kleine Bananen vom kanarischen Typ.

Großindustrie gibt es auf der Insel kaum; dadurch bleiben Luft und Wasser sauber. Industrielle Schandflecke in der Landschaft sind nur die Erdölraffinerie unmittelbar östlich von Lárnaka sowie ein Elektrizitäts- und ein riesiges Zementwerk östlich von Limassol. Atomkraftwerke gibt es nicht. Zyperns Industrie produziert vor allem Obstkonserven und -säfte, Weine, Bier und Schnäpse, Schuhe, Möbel, Zigaretten und Textilien. Bergbau wird kaum noch betrieben. In der Antike hatte das auf Zypern intensiv angebaute und verhüttete Kupfer Zypern reich gemacht, später baute man auch Chrom und Asbest ab. Heute lohnt sich der Bergbau nicht mehr.

Paradies mit Schattenseiten

Zypern könnte ein Paradies auf Erden sein, wäre da nicht die große Politik. Seit August 1974 ist die Insel geteilt; Nicosia seit dem Mauerfall in Berlin die letzte geteilte Hauptstadt der Welt. Entlang einer Demarkationslinie, die Zypern von der Bucht von Mórfou bis zur Bucht von Famagusta durchzieht, stehen sich griechische und griechisch-zypriotische Soldaten einerseits, türkische und türkisch-zypriotische Soldaten andererseits gegenüber. Dazwischen patrouillieren Soldaten der UNFICYP, der Friedenstruppen der Vereinten Nationen. Der bis heute von türkischen Truppen besetzte Nordteil der Insel nennt sich seit 1983 ›Türkische Republik Nord-Zypern‹, wird aber nur von der ›Schutzmacht‹ Türkei anerkannt. Das südliche Zypern nennt sich weiterhin Republik Zypern und erhebt einen Alleinvertretungsanspruch, der ihr von internationaler Seite auch zugestanden wird.

Der Urlaubsfrieden auf der Insel wird durch die politischen Verhältnisse aber in keiner Weise gestört. Zypern erscheint dem Fremden als äußerst friedliche Insel – kein Urlauber ist in den letzten 30 Jahren durch die Teilung der Insel zu Schaden gekommen.

Neue Hoffnung

Zwischen Juli 1974 und April 2003 war die Grenze zwischen beiden Inselteilen, die die griechischen Zyprioten lieber Demarkationslinie genannt sehen, für Zyprioten und Touristen weitgehend undurchlässig. Nur wenige griechisch-orthodoxe Zyprioten durften in den Inselnorden einreisen, kaum ein türkischer Zypriote in den Inselsüden. Seit dem 23. April 2003 ist das anders geworden. Durch eine einseitige Erklärung der Regenten in Nord-Zypern, die die griechischen Zyprioten völlig unvorbereitet traf, ist die Grenze wieder sehr viel leichter passierbar. Griechische Zyprioten dürfen ohne viele Formalitäten wieder in den Norden reisen, türkische Zyprioten in den Süden. Die türkischen Zyprioten, denen von der griechisch-zypriotischen Seite ja kein Sonderstatus zugestanden wird, haben viele Vorteile davon: Sie können jetzt ihre ehemaligen Grundstücke im Süden teuer verkaufen, hier Rentenanträge stellen und die kostenlose Krankenversorgung nutzen.

Im April 2004 stimmten Nord- und Südzyprioten über einen Plan des UN-Generalsekretärs Kofi Annan ab, der Zypern wiedervereinigen sollte. Die griechischen Zyprioten lehnten ihn aus guten Gründen ab, die Nordzyprioten stimmten aus ebenso guten Gründen zu. Daraufhin wurde am 1. Mai 2004 nur Südzypern Mitglied in der EU. Auf Druck der EU herrscht seit dem Mai 2004 Reisefreiheit für alle EU-Bürger auf ganz Zypern. Einer Wiedervereinigung ist man aber seitdem noch nicht näher gekommen. Südzypern will Nordzypern weiterhin international isolieren, Nordzypern auf keinen Fall auf einen Schutz durch türkische Truppen verzichten.

Quellen des Wohlstands

Schon kurz nach der Teilung erlebte der Süden nämlich ein wahres Wirtschaftswunder. Internationale Hilfsgelder, Fleiß der Bevölkerung und der 1975 im Libanon aufflammende Bürgerkrieg trugen dazu wesentlich bei. Viele multinationale Firmen, die bisher in Beirut residiert hatten, verlegten ihre Hauptbüros nach Südzypern, schufen Arbeitsplätze und brachten Geld ins Land. Die Städte an der Südküste, die bis dahin recht bedeutungslos waren, wuchsen rasant: Lárnaka als Hafen und Flughafenstadt, Limassol als Hafen und Sitz vieler Offshore-Firmen, Agía Nápa und ab Ende der 1980er Jahre auch Páfos als Urlaubsmetropolen. Auch der Zusammenbruch der sozialistischen Staatenwelt brachte Südzypern große Vorteile. Da die Insel noch nicht zur EU gehörte, als blockfreier Staat traditionell gute Beziehungen zum Ostblock gepflegt hatte und Geldwäsche-Gesetze hier unbekannt waren, gründeten viele zu Reichtum gelangte Osteuropäer auf Zypern Scheinfirmen. Sie deponierten hier ihre Schwarzgelder in von ihnen selbst gegründeten zypriotischen Offshore-Firmen und investierten dann als zypriotische Firma das Geld schnell wieder in ihren Heimatländern.

Eine gewichtige Rolle bei der Entwicklung Südzyperns spielt auch der Fremdenverkehr. Jedes Jahr kommen etwa 2,5 Millionen ausländische Urlauber. Mehrere tausend von ihnen haben inzwischen Haus und Grund auf Zypern erworben. Touristen schätzen den hohen Standard in Hotellerie und Service, das oft ausgezeichnete Essen sowie das gute Preis-Leistungsverhältnis. Junge Leute finden in Agía Nápa eins der angesagtesten Diskotheken-Zentren im Mittelmeerraum, Wellness- und Luxusreisende vor allem in Limassol, Páfos und bei Pólis ihre Traum-Oasen. Man kann den ganzen Tag am heißen Strand verbringen oder Wanderungen im kühleren Gebirge unternehmen. Und auch im Trend-Sport Nr. 1, Golf, ist Südzypern auf dem Weg, Anschluss an Golferparadiese wie Mallorca oder Portugal zu finden. Zwei weitere Vorteile: Fast jeder Zypriote spricht Englisch, so dass man sich mit ihm auch unterhalten kann – und das exzellente Straßennetz inklusive vieler Autobahnen nach deutschem

Vorbild. So gelangt man mit dem Mietwagen oder Ausflugsbus schnell, sicher und bequem zu den vielen historischen und landschaftlichen Sehenswürdigkeiten der Insel.

Schmelztiegel der Kulturen

Steinerne Monumente erzählen aus einer über 8500-jährigen Geschichte. Die Museen bergen Kunstwerke, die Zypern deutlich als Schmelztiegel der Kulturen im Schnittpunkt dreier Kontinente ausweisen. Phöniker und Assyrer, Perser und Griechen drückten der Insel ihren Stempel auf, später Ptolemäer und Römer. Nach langer Zugehörigkeit zum byzantinischen Reich geriet Zypern in den Strudel der Kreuzzüge, wurde zum letzten fränkischen Königreich im Orient. Die Herrschaft dieser römisch-katholischen Adelsdynastie wurde mindestens ebenso bedrückend empfunden wie die spätere türkische Oberhoheit von 1571–1878.

Der Bauboom und stetige Anstieg der Touristenzahlen hat die Küsten Zyperns nicht schöner gemacht. Es gibt nur wenig Strände, an denen keine Hotels stehen. Der allgemeine Wohlstand lässt keinen Platz für ländliche Idyllen. Esel und Maultiere sieht man kaum noch auf dem Lande, in den meisten Dörfern haben stattliche Villen die alten Häuser aus Lehmziegeln ersetzt. Wer in Südzypern Romantik wie in Griechenland erwartet, wird enttäuscht.

Das Faszinierendste an der Insel sind neben den Kulturschätzen, guten Stränden und schönen Gebirgslandschaften die Menschen. Die Gastfreundschaft, mit der viele Urlaubsziele werben, ist hier wirklich überall spürbar. Sie ist vielleicht auch der Grund, warum, glaubt man dem Werbeslogan der Fremdenverkehrszentrale Zyperns, die Götter auf der Insel Urlaub machen. Und das, obwohl die Südzyprioten meist gläubige griechisch-orthodoxe Christen sind.

Zypern in Zahlen

Lage: Durch Zypern verläuft der 35. Breitengrad. Zypern liegt damit etwa auf der Höhe von Kreta, Sfax in Tunesien und Nord-Marokko.
Fläche & Einwohner: Die Insel ist 9251 km^2 groß. 60 % entfallen auf die Republik Zypern, 37 % auf den türkisch besetzten Teil. 3 % stehen als Pufferzone unter Verwaltung der UN. Die gesamte Insel zählt etwa 1 Mio. Einwohner. Etwa 12 % davon sind türkische Zyprioten, die bis auf wenige Dutzend alle im Inselnorden registriert sind. Seit 1974 wurden zudem bis zu 80 000 anatolische Bauern widerrechtlich im Norden angesiedelt, die von keiner offiziellen Statistik erfasst werden.
Minderheiten: Auf Zypern leben schon seit Jahrhunderten christliche Minderheiten von Armeniern und Maroniten. Alle etwa 3000 Armenier sind jetzt im Süden ansässig, ein Teil der etwa 2000 Maroniten auch noch im Nordteil. Die Zahl der ständig auf Zypern stationierten britischen Soldaten wird einschließlich Familienangehöriger auf etwa 20 000 geschätzt, die der in Nordzypern stationierten türkischen Soldaten auf 35 000.
Staatsform: Die Republik Zypern ist eine parlamentarische Demokratie. Im Parlament sind 24 von 80 Sitzen für nordzypriotische Abgeordnete freigehalten, die der Vertretung aber schon seit 1964 fernbleiben. Es gibt drei große Parteien.

Geschichte

Denkmal für Erzbischof Makarios in Nicosia

Frühgeschichte 7000–1050 v. Chr. Die ältesten Spuren menschlicher Besiedlung sind steinerne Rundhütten in Siedlungen wie Choirokoítia, die bis in die Zeit um 7000 v. Chr. zurückreichen. Seit etwa 3500 v. Chr. wird auf Zypern Kupfer abgebaut und verarbeitet, etwa seit 2300 v. Chr. kann man Bronze herstellen und exportiert des internationalen Bedarfs wegen Kupfer in großen Mengen. Der Wohlstand wächst, verschiedene Stadtkönigreiche entstehen. Ab etwa 1200 v. Chr. gelangen diese durch die Einwanderung griechischer Achäer unter hellenischen Einfluss.

Antike 1050–395 n. Chr. Ab etwa 1050 v. Chr. gründen Phöniker Handelsniederlassungen und Kolonien auf der Insel. Die Stadtkönigreiche geraten immer wieder unter fremde Vorherrschaft, insbesondere Assyriens, Persiens und Ägyptens, und verstricken sich in permanente Kleinkriege untereinander. Ein geeintes Zypern entsteht erstmals um 310 v. Chr. in der Epoche des Hellenismus, als die ägyptischen Ptolemäer die gesamte Insel ihrem Reich einverleiben. 58 v. Chr. wird sie dann von Rom annektiert; Koúrion an der Südküste wird nun zur Hauptstadt der Insel.

Byzantinische Zeit 395–1191 Seit der Teilung des Römischen Reiches 395 gehört Zypern zu dem von Konstantinopel (Byzanz) aus regierten Oströmischen oder Byzantinischen Reich. In dieser Zeit wird die Kultur der Insel durch die orthodoxe Kirche nachhaltig geprägt.

Fränkische Zeit 1191–1570 1191 erobert der englische König Richard Löwenherz die Insel; ein Jahr später erwirbt sie der aquitanische Kreuzritter Guy de Lusignan, dessen Nachfolger zum König von Zypern gekrönt wird. Unter der Herrschaft der Franken ist die Insel strategischer Stützpunkt für die Kreuzzüge, zuletzt als Rückzugsquartier, etwa der Johanniterritter, die 1291–1308 in Limassol residieren und danach noch Ländereien um Kolóssi behalten. 1489 fällt Zypern durch Heirat an Venedig.

Türkische Herrschaft 1570/71–1878

1570/71 erobern die Osmanen Zypern. Türken werden auf der Insel angesiedelt. 1878 muss der Sultan Zypern gegen Zahlung einer jährlichen Pacht Großbritannien überlassen.

Britische Herrschaft 1878–1960

Als das Osmanische Reich auf Seiten der Achsenmächte in den Ersten Weltkrieg eintritt, annektiert Großbritannien die Insel und erkärt sie später zur Kronkolonie. 1955 erhebt sich die griechisch-zypriotische Bevölkerung gegen die Kolonialherren; General Grívas ist der militärische, Erzbischof Makarios III. der politische Führer des Aufstands. Die griechische Volksgruppe verlangt die ›Enosis‹, den Anschluss an Griechenland. Dennoch einigen sich Großbritannien, Griechenland und die Türkei darauf, Zypern 1960 zum unabhängigen Staat zu erklären, dessen erster Präsident Makarios III. wird.

Unabhängigkeit und Teilung ab 1960

Bereits im Dezember 1963 kommt es zu Kämpfen zwischen griechischen und türkischen Zyprioten. 1964 werden erstmals UN-Friedenstruppen nach Zypern entsandt, die Altstadt Nicosias wird geteilt. Als die seit 1967 in Athen herrschenden Obristen 1974 einen Putsch gegen Staatspräsident Makarios anzettelnund damit die Balance der Volksgruppen bedroht ist, greift die Türkei ein und besetzt 37 % der Inselfläche. Durch den Tod von Makarios 1977 und die Proklamation der ›Türkischen Republik Nordzypern‹ wird die Teilung immer weiter zementiert. Mehrfach scheitern Versuche, unter UN-Vermittlung zu einer Lösung des Zypern-Problems zu kommen.

21. Jahrhundert

2002 erstellte der damalige UN-Generalsekretär Kofi Annan einen Plan für eine Wiedervereinigung mit zwei starken Teilrepubliken, ohne Flüchtlingen ein Recht auf Heimkehr zu garantieren. Im April 2003 öffnete Nordzypern einseitig die Grenze, Zyprioten konnten sich erstmals seit 1974 wieder frei auf der ganzen Insel bewegen. Im April 2004 wurde der mehrfach modifizierte Annan-Plan in getrennten Volksabstimmungen von den türkischen Zyprioten mit nahezu Zweidrittelmehrheit angenommen, von den griechischen Zyprioten aber mit Dreiviertelmehrheit abgelehnt. Daraufhin konnte nur Südzypern am 1. Mai 2004 EU-Mitglied werden. Auf Druck der EU musste Südzypern allen EU-Bürgern sogleich absolute Reisefreiheit auf der ganzen Insel gewähren. Durch die Weigerung der Türkei, die Republik Zypern im Rahmen eines EU-Zollabkommens voll anzuerkennen, stockten 2006 weitere Fortschritte. Südzypern hält im Gegenzug den internationalen Boykott Nordzyperns aufrecht, der u. a. keine Direktflüge nach Nordzypern zulässt. Seit 1. Januar 2008 ersetzt der Euro im Süden der Insel die Zypriotische Lira als Landeswährung.

Unabhängigkeitstag im Süden

Gut zu wissen

Beschwerden
Die Zyprioten sind ein höflich-zurückhaltendes Volk. Wer eine Beschwerde vorzubringen hat, sollte sie ohne große Erregung vortragen. Am besten ist es, das Problem sachlich zu schildern und zum Ausdruck zu bringen, dass man Hoffnung in die Fähigkeiten seines Gegenübers setzt, es zu lösen.

Cabarets
Cabarets sind keine Varietés, sondern billige, dabei aber keineswegs preiswerte Nachtbars, in denen vor allem ausländische Prostituierte arbeiten.

Endáxi;
Mit der oft gehörten Frage *endáxi;* bestellen die griechischen Zyprioten nicht etwa andauernd ein Taxi, sondern meinen schlicht ›okay‹. Und das Semikolon steht im Griechischen für ein Fragezeichen.

Flaggen-Wirrwarr
Vor staatlichen Gebäuden weht im Süden die 1960 eingeführte zypriotische Nationalflagge, die auf weißem Grund die goldene Insel zeigt und darunter zwei Olivenzweige als Zeichen des Friedens für die beiden Volksgruppen. Vor Kirchen und Klöstern werden stattdessen die weiß-blaue griechische Nationalflagge und die Flagge des untergegangenen Byzanz gehisst, die auf gelbem Untergrund einen schwarzen, doppelköpfigen Adler zeigt. Nordzyperns Flagge ist weiß und zeigt zwischen zwei roten Balken einen roten Halbmond und Stern. Daneben hängt meist die rote Flagge der Türkei mit weißem Halbmond und Stern.

Fotografieren
Die meisten Zyprioten lassen sich gern fotografieren. Dennoch sollte man vorher ihr Einverständnis durch ein Nicken oder Lächeln einholen.

Handeln und Feilschen
Die meisten Zyprioten sind geschickte und leidenschaftliche Händler. Sie feilschen aber nur bei höheren Beträgen um den Preis, nicht bei jeder Kleinigkeit.

Ikonen
Ikonen hängen nicht nur in Kirchen und Klöstern, sondern auch an Hotelrezeptionen, in Tavernen, in Linienbussen und in Privatwohnungen. Nach orthodoxem Verständnis sind sie keine Bilder in unserem Sinn, sondern machen den dargestellten Heiligen präsent. Darum gelten auch viele Ikonen als wunderwirksam. Indem man vor ihnen betet und sie küsst und mit Geschenken bedenkt, bringt man diese Liebes- und Ehrenerweise dem Dargestellten selbst

dar. Deswegen werden Gebete erhört und Wunder vollbracht.

Kirchen- und Moscheenbesuche

Kirchen, Klöster und Moscheen darf man nur mit bedeckten Knien und Schultern betreten. Zu einigen Klöstern haben Frauen in Hosen keinen Zutritt. Am besten hält man als Mann in Shorts immer eine lange Hose griffbereit, als Frau einen Rock, der bei Bedarf über die lange Hose gezogen werden kann.

In Kirchen sollte man die Hände nicht auf dem Rücken verschränken oder mit gekreuzten Beinen sitzen. Steht man vor Ikonen, wendet man ihnen nicht den Rücken zu. Fotografieren und Filmen wird in Kirchen ungern gesehen oder ist sogar verboten. Kerzen hingegen kann jeder nach Entrichtung eines Obolus entzünden.

Viele Kirchen in Zypern sind zu ihrem Schutz tagsüber geschlossen. Bemüht man den Schlüsselverwahrer, um sie sich öffnen zu lassen, sollte man dafür ein Trinkgeld geben, das seinem Zeitaufwand angemessen ist (etwa 4 € pro Stunde). Moscheen sollte man nicht während der Gebetszeiten aufsuchen. Vor ihrem Betreten zieht man die Schuhe aus.

Klima und Reisezeit

Zypern ist ein Ganzjahres-Reiseziel. Das Meerwasser ist zwischen Mai und November über 18 °C warm. Seine höchste Temperatur erreicht es im September mit 25 °C, seine niedrigste im Februar mit 14 °C.

Mit 11 bis 13 Regentagen pro Monat ist das Quartal zwischen Dezember und Februar am niederschlagsreichsten. Zwischen Mai und September regnet es maximal ein- bis zweimal im Monat.

Die Tageshöchsttemperaturen liegen an der See zwischen Juni und September etwas über 30 °C, in Nicosia können sie bis 37 °C ansteigen. An einigen Tagen im Juli und August erreichen sie dort sogar bis zu 45 °C im Schatten. Zwischen Dezember und März ist es an der Küste 17 bis 19 °C warm, Nachtfröste sind auch im Tróodos unter 1000 m Höhe selten. An der Küste sinken die Nachttemperaturen selbst in den Wintermonaten selten unter 8 °C.

Eine leichte Jacke oder ein leichter Pullover sollten auch im Hochsommer

Spartipps

Wer auf eigene Faust reist, wohnt in **Studios und Apartments** meist weitaus preiswerter als in Hotels und Pensionen mit gleichem Zimmer-Komfort. Wer nur des Hungers wegen essen will und dabei auf das Ambiente einer Taverne oder eines Restaurants verzichten kann, findet im Süden viele internationale **Fast Food-Lokale** und auf ganz Zypern Grillstuben, wo man Döner oder Gýros, Seftaliá und kleine Fleischspießchen plus Pommes frites erhält. In den großen **Supermärkten** an den Stadträndern kauft man billiger ein als im Supermarkt in den Hotelvierteln, auf Märkten preiswerter als im Krämerladen um die Ecke. Wer billiger **telefonieren** will, greift werktags zwischen 21 und 8 Uhr oder samstags und sonntags zum Hörer. Wer Gespräche übers **Handy** führen will, hat nahe der Green Line, also z.B. in Protarás-Paralímni und Nicosia, die Wahl zwischen türkischen und griechisch-zypriotischen Providern. Wer kostengünstiger ist, sagt Ihnen Ihr Provider im Heimatland.

Preisniveau

Zypern ist kein Billig-Reiseland. Der Norden ist nur geringfügig billiger als der Süden. Die Preise fürs Essen und Trinken in Restaurants liegen etwas unter dem Niveau in deutschen Urlaubsorten an der Küste oder in den Alpen, ebenso die für einfache Hotelzimmer und für Grundnahrungsmittel. Deutlich preiswerter als in den deutschsprachigen Ländern sind Benzin und Diesel sowie die öffentlichen Verkehrsmittel. Recht günstig sind im Süden die Eintrittspreise zu Ausgrabungen und Museen, sehr hoch die Preise für den Wassersport.
Nach der **Umstellung auf den Euro** dürften 2008 viele Eintritts- und andere Preise nach oben aufgerundet werden.

wegen kühler Winde am Abend nicht im Reisegepäck fehlen. Wer zwischen November und April reist, braucht auch einen warmen Winterpullover.

Liegestühle

Die deutsche Unsitte, Liegestühle im Hotelbereich schon frühmorgens durch ein hingelegtes Handtuch für sich zu reservieren, stößt in Zypern auf kein Verständnis. Viele Hotels betonen ausdrücklich, dass solche ›Reservierungen‹ ungültig sind.

Nackte Haut

›Topless‹ am Strand zu liegen ist überall an den Stränden Südzyperns üblich. FKK hingegen ist verpönt. In Badehose oder Bikini durch ein Dorf zu gehen gilt wie eigentlich überall als Zeichen großer Geschmacklosigkeit.

Orthodox

In der orthodoxen Kirche wurden im Gegensatz zur katholischen schon seit dem 8. Jh. keine neuen Dogmen mehr verkündet. Die wichtigsten Unterschiede: Orthodoxe Christen erkennen die Oberhoheit des Papstes nicht an; ihre Priester dürfen verheiratet sein. Verheiratete Priester können allerdings in der kirchlichen Hierarchie nicht mehr aufsteigen und z. B. nicht Bischof werden. Die Taufe wird durch vollständiges Untertauchen vollzogen; die Erstkommunion findet mit der Taufe statt. Im gleichen Taufwasser Getaufte dürfen einander ebenso wenig kirchlich heiraten wie Paare, bei denen beide den gleichen Taufpaten hatten. Feuerbestattungen sind verboten. Anders als bei den Katholiken gilt das alte Dogma, dass der Heilige Geist nur von Gottvater, nicht aber von Gottsohn ausgeht.

Sicherheit

Zypern hat eine ausgesprochen niedrige Kriminalitätsrate. Vorsicht ist nachts – vor allem für Frauen – in Agía Nápa und in Limassol geboten, wo es schon öfters zu Vergewaltigungen gekommen ist. In Nordzypern sollte man nicht an einsamen Stränden campieren. Bei größeren Menschenansammlungen ist wie überall auf der Welt Vorsicht vor Taschendieben angebracht.

Souvenirs

Berühmt sind die Léfkara-Spitzen. Diese Hohlsaumstickereien zieren Tisch- und Bettdecken, Servietten und Taschentücher. Zum Schleuderpreis angeboten werden Billig-Importe aus Fernost; echte Léfkara-Arbeiten haben ihren stolzen Preis. Typisch zypriotisch sind auch die bunten Webarbeiten, bei denen das Garn allerdings nur selten mit natürlichen Farben gefärbt ist. Weitere kunsthandwerkliche Souvenirs sind Lederwaren, Töpferarbeiten sowie Gold- und Silberschmuck, insbesondere Silberfiligranarbeiten. In den Markthallen findet man ein kleines Angebot handgeflochtener Körbe. Weitaus breiter ist das Angebot bei den kulinarischen Souvenirs von Wein und Oúzo oder Rakı bis zum Tresterschnaps Dsivanía, Loukoúmia und Dschoudschoúko.

Ein besonders kostbares Souvenir sind handgemalte Ikonen, die man bei den Nonnen im Kloster Ágios Minás oder weltlichen Malern erwerben oder vorbestellen kann. Moderne zypriotische Kunst findet man in den Galerien von Lárnaka, Limassol und Nicosia.

Tageslicht

Auf Zypern geht die Sonne im Sommerhalbjahr später auf und früher unter als bei uns; im Winter ist es entgegengesetzt. Daran sollte man bei Ausflugsplanungen denken. Mitte Juli geht die Sonne z. B. um 5.45 Uhr auf und schon um 20 Uhr unter.

Toiletten

Manchmal sieht man in den Badezimmern der Hotels und in Tavernen in der Toilette noch die Bitte, kein Papier ins Toilettenbecken zu werfen, weil wegen enger Abwasserrohre Verstopfungsgefahr besteht. Man wirft das gebrauchte Papier dann in dafür bereitstehende Eimer oder Papierkörbe.

Trinkgelder

In Hotels und Restaurants wird die Trinkgeldfrage wie bei uns gehandhabt. Taxifahrer erwarten, dass man den Fahrpreis um mindestens 50 Cent auf den nächsten vollen Pfund-Betrag aufrundet. Zimmermädchen sollten je nach Hotelpreis 1–5 € pro Nacht und Zimmer erhalten. Wird man von Zyprioten eingeladen, zu einer Tasse Mokka in ihrem Wohnhaus oder zu einem Glas Wein auf dem Picknickplatz, darf man auf keinen Fall Trinkgeld geben. Man würde sie damit als bedürftig abstempeln, was die wenigsten Zyprioten sind.

UNFICYP

Friedenstruppen der Vereinten Nationen sind schon seit 1964 auf Zypern stationiert. Sie kontrollieren entlang der Green Line, die Nord und Süd voneinander getrennt, eine unterschiedlich breite Pufferzone. Ihre Aufgabe ist es, Konflikte gar nicht erst aufkommen zu lassen und mögliche Spannungen schon im Keim durch Verhandlungen zu ersticken. Zur Zeit sind auf Zypern im Rahmen der United Nations Forces in Cyprus (UNFICYP) etwa 930 Soldaten und Polizisten aus Argentinien, Australien, Bosnien-Herzegowina, El Salvador, Großbritannien, Indien, Irland, Italien, Kroatien, der Slowakei, Ungarn und den Niederlanden stationiert.

Waldbrände

Auch als Urlauber kann man dazu beitragen, die zypriotischen Wälder zu schützen. Besonders Raucher sind hier gefordert, aber auch jeder, der zeltet oder im Freien grillt.

Wasser

Zum zypriotischen Kaffee wird häufig ein Glas Wasser kostenlos serviert. Es kann überall bedenkenlos getrunken werden. Man sollte zumindest etwas daran nippen – denn sonst wird diese gute Sitte eines Tages nur noch Zyprioten gegenüber beachtet.

Zeit

Ganz Zypern gehört zur Osteuropäischen Zeitzone. Man stellt die Uhr ganzjährig eine Stunde vor, auch im Sommer.

Feste & Unterhaltung

Im Club Harama in Limassol

Feiertage

1. Januar: Neujahr *(Protochrónia)*
6. Januar: Taufe Christi *(Epiphanía)*
Rosenmontag *(Káthari Déftera)*
25. März: Nationalfeiertag
1. April: Zypriotischer Nationalfeiertag
Karfreitag *(Megáli Paraskévi)*
Ostersonntag *(Páska)*
1. Mai: Tag der Arbeit *(Protomáia)*
15. August: Mariä Entschlafung *(Kímissis tís Theotókou)*
1. Oktober: Zypriotischer Unabhängigkeitstag
28. Oktober: Nationalfeiertag
24. Dezember: Heiligabend *(Paramóni tou Christoujénnon)*, ab Mittag
25./26. Dezember: Weihnachten *(Christoujénna)*
Silvester *(Vrádi tis Protochrónias)*

Kirchliche Feste

Epiphanías, 6. Januar

Das Fest der Wasserweihe und der Taufe Jesu wird vor allem in den Küstenstädten begangen. Nach dem morgendlichen Gottesdienst zieht eine Prozession ans Meer, der Priester wirft ein Kreuz ins Wasser, junge Männer tauchen danach. Wer es wieder heraufholt, wird im kommenden Jahr viel Gück haben.

Karneval

Karnevalsonntag, 1. März 2009, 14. Februar 2010: In Limassol, Zyperns Karnevalshochburg, findet eine große Parade statt.

Ostern

Karfreitag, 17. April 2009, 2. April 2010: Am späten Vormittag wird in allen Kirchen der Epitáphios, Christi symbolisches Grab, von Mädchen und Frauen mit Blumen geschmückt. Beim Abendgottesdienst küssen alle Gläubigen den Epitaph, der dann gegen 21 Uhr in feierlicher Prozession durchs Dorf getragen wird.

Ostersamstag, 26. April 2008, 18. April 2009: Kurz nach 23 Uhr beginnt die Ostermesse. Fast alle Kirchen sind überfüllt, die Menschen drängen sich auch auf den Kirchhöfen. Kurz vor Mitternacht verlöschen alle Lichter bis auf eins. Nach kurzer Stille verkündet der Priester die Auferstehung Christi und entzündet eine Kerze am Ewigen Licht. Die Kirchgänger entzünden nacheinander ihre Kerzen; Kinder und Jugendliche lassen Silvesterknaller explodieren.

Ostersonntag: Man sitzt im Kreis der Großfamilie zusammen, grillt Soúvla und feiert. Insbesondere im Bezirk Páfos finden am Sonntag oder Montag in vielen Dörfern Osterspiele auf den Straßen und Plätzen oder auch im Stadion statt. Zu den üblichen Wettbewerben gehören Sackhüpfen, Eierlaufen etc.

Pfingsten

Pfingstmontag, 16. Juni 2008, 8. Juni 2009: An diesem Tag wird auf Zypern, vor allem in Lárnaka, das Fest des Kataklysmós gefeiert. Es erinnert an die Errettung der Menschen von der Sintflut. Zum Programm gehören neben dem Gottesdienst mit Prozession Tanz- und Musikwettbewerbe; es herrscht ausgelassene Volksfeststimmung. In Lárnaka ist aus Anlass des Kataklysmós entlang der Uferpromenade von Donnerstag vor bis Dienstag nach Pfingsten ein großer Jahrmarkt aufgebaut.

Kirchweihfeste (Panigíria)

Die Kirchweihfeste werden am Patronatstag des Heiligen begangen, dem das Kloster oder die Kirche geweiht ist. Vor den meisten Klöstern findet an diesem Tag ein großer Jahrmarkt mit zahlreichen Verkaufsständen statt. In den Dörfern sind die Feiern oft mit Musik, Tanz und großem Festmahl verbunden.

Nationalfeiertage

25. März: Gedenken an den offiziellen Beginn des griechischen Befreiungskampfes gegen die Türken 1821.
1. April: Gedenken an den Beginn des zypriotischen Freiheitskampfes gegen die Briten im Jahr 1955.
1. Oktober: Zypriotischer Unabhängigkeitstag. Da der 15. August, an dem Zypern 1960 eigentlich unabhängig wurde, auf den hohen kirchlichen Festtag Mariä Entschlafung fällt, beschloss das Parlament, den 1. Oktober zum Feiertag zu machen.
28. Oktober: Gedenken an das ›Große Historische Nein‹, das 1940 die Antwort des griechischen Diktators Metaxás auf ein Ultimatum Mussolinis war. Es bedeutete für Griechenland den Eintritt in den Zweiten Weltkrieg.

Feiertage in Nordzypern

1. Januar: Neujahr
23. April: Tag des Kindes
1. Mai: Tag der Arbeit
19. Mai: Tag der Jugend und des Sports
20. Juli: Tag des Friedens und der Freiheit
1. August: Tag des Widerstandes
30. August: Tag des Sieges
29. Oktober: Tag der Türkischen Republik
15. November: Tag der ›Türkischen Republik Nordzypern‹

Bewegliche Feiertage
Seker Beyrami (Ende des Fastenmonats Ramadan): 30. September–2. Oktober 2008, 20.–22. September 2009, 30. August–1. September 2010
Kurban Bayrami (Opferfest): 8.–11. Dezember 2008, 27.–30. November 2009, 16.–19. November 2010

Festivals

Das ganze Jahr über finden in Nicosia und den Küstenorten im Süden zahlreiche kulturelle Veranstaltungen und Festivals statt. Einen umfassenden Überblick verschafft das jährlich neu erscheinende Verzeichnis ›List of Events‹, das in allen Büros der Tourist Information kostenlos erhältlich ist.
North Cyprus International Bellapais Music-Festival: In den Wochen zwischen dem 20. Mai und 25. Juni werden in der gotischen Abteiruine von Bellapais viele klassische Konzerte gegeben.

Shakespeare-Festival: An drei Abenden um den 20. Juni herum werden im antiken Theater von Koúrion Shakespeare-Stücke aufgeführt.

International Famagusta Art and Culture Festival: In den letzten 10 Tagen im Juni und den ersten zehn Tagen im Juli finden, Jazz-, Pop-, Klassik- und Folk-Konzerte vor dem Othello-Turm in Famagusta und im antiken Theater von Salamis statt.

Cyprus Music Days: Anfang Juli vier Tage lang Jazz- und Klassikkonzerte im antiken Theater von Koúrion.

Marienfeste: Vom 14. bis zum 16. August finden in Agrós (E 7), Kannavioú (B 7) und Ártsos (D 8) Dorffeste mit Folklore-Veranstaltungen statt. Große Jahrmärkte werden in diesen Tagen in Kíti (J 8), Liopétri (L 6) und Káto Deftéra (G 6) sowie vor den Klöstern Kýkko und Chrisorogiátissa veranstaltet.

Limassol Wine Festival: Zwei Wochenenden und die Woche dazwischen findet Ende August/Anfang September im Stadtpark von Limassol ein großes Wein-Festival mit Folklore-Veranstaltungen und Konzerten statt (www.limassolmunicipality.com.cy/wine).

Páfos Aphrodite Festival: An vier aufeinander folgenden Abenden Anfang September wird vom Ensemble der Arena di Verona vor dem türkischen Fort am Hafen von Páfos eine klassische Oper aufwendig inszeniert (www.pafc.com.cy).

Unterhaltung

Bouat

Bouats (auch: Boites) sind Musiklokale, in denen griechische Musik live gespielt wird. Man kann, muss hier aber nichts essen. Man kommt vorwiegend zum Zuhören, nur selten wird zur Musik getanzt. Gespräche sind nur in Musikpausen möglich.

Diskotheken und Clubs

Diskotheken gibt es nicht nur in Agía Nápa, sondern auch in den zypriotischen Städten Nicosia, Limassol, Lárnaka und Páfos. Meist öffnen sie gegen 23 Uhr. Der Eintrittspreis liegt zwischen 5 und 20 €. Aus Lärmschutzgründen findet man nur wenige Open-Air-Discos.

Folklore

In allen großen Hotels findet meist einmal wöchentlich im Anschluss an das Abendessen eine Folklore-Show statt, die für Hotelgäste kostenlos ist. In und bei Páfos gibt es auch Restaurants, die an einem oder an allen Abenden der Woche Folkore-Shows ohne Aufpreis bieten. Hinzu kommen zahlreiche Folklore-Shows im Rahmen von Festival-Programmen in den Badeorten.

Show-Clubs

Die Offenheit der zypriotischen Gesellschaft für alles, was Geld bringt, hat auf der Insel zur Eröffnung sog. Show-Clubs geführt, die ab etwa 23 Uhr die meist osteuropäischen ›Puppen‹ tanzen lassen. An Lichteffekten wird nicht, an der Bekleidung der Damen hingegen stark gespart. Der Gast kommt nicht zum Sparen: Selbst Vorsichtige werden hier mindestens 170 € beim Zuschauen los. Also besser meiden!

Spielcasinos

Im Süden derzeit noch verboten, im Norden in jedem größeren Hotel.

Theater

Während der Sommermonate finden des öfteren Theateraufführungen im antiken Theater von Koúrion statt.

Unterwegs mit Kindern

Tipps für die Reiseplanung

Zypriotische Ärzte verschreiben schon bei kleinen Wehwehchen schnell Antibiotika. Wenn Sie die nicht sonderlich schätzen, nehmen Sie besser ihre homöopathischen Hausmittel von zu Hause mit.

Sonnenmilch ist in Zypern teuer, kaufen Sie also genug davon ein. Da kleinere Kinder schwer dazu zu bewegen sind, im Schatten zu bleiben, ist ein hoher Lichtschutzfaktor ratsam. Da der Sand schnell glutheiß wird, sind Badeschuhe oder Sandalen dringend zu empfehlen. Stechmücken und Wespen machen auch vor Zypern nicht Halt: **Insektenschutzmittel** und eventuell sogar ein mitgebrachtes Moskitonetz für die Kleinen erweisen sich da als nützlich. **Windeln und Babynahrung** sind in den großen Supermärkten und in teuren Apotheken erhältlich. Frische **Kuhmilch** ist überall auf Zypern zu bekommen.

Essen gehen

In Hotelrestaurants und in vielen Tavernen stehen Hochstühle für Kleinkinder bereit. Spezielle Kinderkarten sind selten, doch überall kann man mit dem Kellner reden und für die Kleinen eine halbe Portion zum halben Preis bestellen. Außerdem hat kein Wirt etwas dagegen, wenn der Nachwuchs vom Teller der Eltern mitisst. Oft bringt der Kellner sogar von selbst einen leeren Extra-Teller.

Das richtige Essen für die Kinder zu finden fällt nicht schwer. Spaghetti, Pommes frites und Frikadellen sind allgegenwärtig. Auf den Pudding als Nachtisch muss allerdings verzichtet werden, aber dafür gibt es ja überall Eis.

Kinderfahrräder

Wer mit Kindern einen Ausflug per Auto oder Fahrrad unternehmen will, sollte sich für die Auswahl des Vermieters etwas Zeit nehmen. Die meisten halten zwar **Kindersitze** bereit, doch deren Zustand und Sicherheitsgrad ist von Vermieter zu Vermieter höchst unterschiedlich.

Mit einem **Kinderfahrrad** sollten die Kleinen vor der Anmietung besser ein paar Proberunden drehen, sonst wird die vergnügliche Tour vielleicht schnell zur Tortur für Eltern und Kind.

Unternehmungen

Für Kinder wird auf Zypern wenig Spezielles geboten. Es gibt einige große **Spaßbäder** mit Riesenrutschen, in Nicosia kann man eine Rundfahrt mit einem Mini-Zug auf Gummirädern unternehmen. Die auf Zypern **Luna Park** genannten Jahrmärkte bieten zwar überwiegend Fahrgeschäfte für Jugendliche und Erwachsene an, aber auch Karussells für die ganz Kleinen. **Tretboote** für die ganze Familie werden an vielen Stränden vermietet, sogar Modelle mit einer Wasserrutsche. Wer es sich leisten kann, unternimmt mit der Familie einen **Hubschrauber-Rundflug** über Agía Nápa.

Schlafenszeiten

Die meisten Zyprioten sind sehr kinderfreundlich und lassen sie ganz einfach am Leben der Erwachsenen teilhaben. Sie dürfen bis Mitternacht wach bleiben und draußen herumtollen oder Fußball spielen. Dafür schlafen oder ruhen sie mittags, wenn die Sonne am heißesten und die UV-Strahlung am gefährlichsten ist. Den Rhythmus sollte man im Urlaub übernehmen.

Übernachten

Wohnen inmitten mediterraner Blütenpracht

Die zypriotische Hotellerie hat ein sehr hohes Niveau. Das Preis-Leistungsverhältnis ist im Vergleich zu den mitteleuropäischen Ländern gut. Die meisten Hotels liegen in den Badeorten an der Küste, aber auch im Gebirge und im übrigen Binnenland entstehen zunehmend neue, zumeist kleinere und oft in traditionellen Gebäuden angesiedelte Urlaubsquartiere. Privatzimmer hingegen findet man kaum.

Kategorien

Alle Hotels in Südzypern werden von der Cyprus Tourism Organisation (C.T.O.) klassifiziert. Hotels mit fünf Sternen stellen die höchste Kategorie dar, die niedrigste Kategorie hat keinen Stern. Apartments, Feriendörfer und Ferienvillen sind in die Kategorien A, B und C unterteilt. Pensionen (Guest Houses) sowie Hotels und Apartments in historischen Gebäuden unterliegen nicht der Klassifizierung.

Hotelverzeichnis

Alle von den Hoteliers vorgeschlagenen Preise müssen von der C.T.O. einmal pro Jahr genehmigt werden. Sie werden im jährlich erscheinenden **Guide to Hotel and other Tourist Establishments** veröffentlicht, der auf ausdrückliche Anfrage von der Fremdenverkerhrszentrale Zypern und den Büros der C.T.O. in Zypern kostenlos abgegeben wird, solange der Vorrat reicht.

Preise

Alle veröffentlichten oder auch mündlich von den Hotels genannten Preise enthalten grundsätzlich 10 % Bedienungsgeld und 5 % Mehrwertsteuer. Die Preise gelten jeweils vom 16. März des Erscheinungsjahres bis zum 15. März des Folgejahres! Sie müssen an der Rezeption aushängen und dürfen nicht überschritten werden. Zwischen Mitte November und Mitte März gelten **Nebensaisonpreise,** die häufig um bis zu 40 % unter den Hauptsaisonpreisen liegen und durch etwas Feilschen oft noch weiter zu drücken sind. **Kinder** unter 12 Jahren im Zimmer der Eltern wohnen häufig kostenlos.

Traditional Hotels & Houses

Neben den vielen neuen Hotels aller Kategorien gibt es einige **Traditional Hotels** mit 5 bis 25 Zimmern. Hier wohnt man bei Preisen zwischen 25 und 120 € besonders stimmungsvoll in historischen Gebäuden.

Weitaus zahlreicher sind Apartments in **historischen Häusern**. Die Häuser liegen oft in Berg- und Binnendörfern und bestehen meist nur aus ein bis vier Wohneinheiten. Preise schwanken zwischen 30 und 115 €.

Studios und Apartments

Als Studios bezeichnet man auf Zypern Einraum-Apartments mit Küchenzeile und Kühlschrank. Apartments sind größer und bieten neben dem Schlafzimmer zumindest auch eine Sitzecke bzw. einen Esstisch und eine gut ausgestattete Küchenzeile. Was in Apartmentshäusern meist fehlt, sind eine großzügige Lobby, Bar, Restaurant, Garten und Pool. Bettwäsche und Handtücher werden immer gestellt, nur Seife und Toilettenpapier muss man bei längerem Aufenthalt eventuell selbst nachkaufen.

Camping

Campingplätze gibt es bei **Limassol, Páfos** (Coral Bay, Geroskípou), **Pólis, Tróodos** und am **Governor's Beach** zwischen Lárnaka und Limassol.

Jugendherbergen

Zyperns Jugendherbergen sind klein und nicht sehr komfortabel. Sie stehen allen Inhabern eines Internationalen Jugendherbergsausweises offen, unabhängig vom Alter. Jugendherbergen gibt es in **Lárnaka, Nicosia, Páfos, Stavrós tis Psókas** und **Tróodos.** Übernachtung pro Person und Nacht 6–9 €. Schriftliche Anfragen an: *Cyprus Youth Hostel Association,* P. O. Box 21328, CY-1506 Nicosia, Cyprus.

Pauschal oder individuell

Wer seinen ganzen Urlaub an einem Ort verbringen will, reist in der Regel pauschal günstiger als individuell – erst recht, wenn ein Last Minute-Angebot wahrgenommen werden kann.

Wenn man beabsichtigt, überwiegend in sehr guten **Hotels** zu übernachten, lohnt es sich ebenfalls nicht, auf eigene Faust zu reisen.

Hotel-Apartments sind wesentlich preiswerter als Hotels und für Individualreisende besonders empfehlenswert. Die Zimmer sind hier häufig geräumiger und verfügen sogar noch über eine Küchenzeile. Was fehlt, sind der tägliche Reinigungsservice und der häufige Handtuch- und Wäschewechsel.

Ferienhäuser sind nur in geringer Zahl verfügbar. Die meisten liegen in den Regionen von Kalavasós und Tochní. Der Anbieter ist Cyprus Villages in Tochní, Tel. 24 33 29 98, Fax 24 33 22 95, www.cyprusvillages.de.

Reservierungen

Zwischen Ostern und Ende Oktober sowie in den Weihnachtsferien ist es für Rundreisende ratsam, das Zimmer für die nächste Nacht spätestens am Vorabend des Ankunftstages zu reservieren. Zentrale Reservierungsbüros gibt es nicht; man bucht direkt im Hotel.

In Nordzypern übernachten

Auch für Nordzypern gibt es ein kostenloses Hotelverzeichnis, das vorab bei der Nordzypern-Information (s. S. 34) angefordert oder in den Tourist-Informationen in Nordzypern abgeholt werden kann. Die Preise sind darin in Euro angegeben. In Nordzypern sind Hotels in fünf, andere Unterkünfte in drei Kategorien unterteilt. Das Preisniveau ist generell etwas niedriger als im Süden. Die Hotels konzentrieren sich vor allem auf Kerýneia und Umgebung sowie auf den Strand von Sálamis. Auf der Karpass-Halbinsel gibt es nur wenige kleine Hotels. Jugendherbergen gibt es nicht, Ferienhäuser kaum. Vor allem auf der Karpass-Halbinsel ist es üblich, bei den Tavernen zu zelten.

Essen & Trinken

Ein Fest für Naschkatzen: Loukoumia aus eingedicktem Fruchtsaft

Typisch zypriotisch

An der zypriotischen Küche zeigt sich, dass die Insel im Schnittpunkt verschiedener Kulturen liegt. Griechische, türkische, arabische und englische Einflüsse verbinden sich zu einem eigenen Stil, der durch Kräuterreichtum und Verwendung vieler frischer Zutaten gekennzeichnet ist. Zudem ist die Küche bäuerlich geprägt. Getreidesuppen und Aufläufe sind in den Familien Standardgerichte, viele in Sirup eingelegte Früchte zeugen von früheren Formen der Vorratshaltung. Zypern kocht fantasievoll – und immer reichlich.

Üppig: das Frühstück

Anders als in Griechenland fällt in Südzypern das Frühstück auch in einfacheren Hotels meist sehr üppig aus. Die britische Kolonialzeit lässt grüßen. Spiegeleier und Omelettes, Bacon und Ham gehören immer dazu, ebenso eine Auswahl von Wurst, Käse, Marmeladen und Honig. Zypriotische Elemente sind Oliven und der Ziegenkäse Haloúmi. Auch wer eine Unterkunft ohne Verpflegung gebucht hat, braucht auf ein solches Frühstück nicht zu verzichten, da es in vielen kleinen Tavernen und Imbissbuden in den Städten zubereitet wird. Da bekommt man dann oft auch ländlich-zypriotische Frühstückssuppen wie Louvaná, eine sämige Suppe aus gelben Erbsen mit gerösteten Zwiebeln und Brotbrocken darin. Dazu werden eine ungeschälte Zwiebel, schwarze Oliven und Wasser auf den Tisch gestellt.

Ideal: das Mezé

Vor der Erfindung des Selbstbedienungsbuffets, das heute in den meisten Hotels üblich ist, war das Mezé-Essen die beste Möglichkeit, binnen kurzer Zeit möglichst viele Köstlichkeiten der zypriotischen Küche kennen zu lernen.

Das Mezé (auch Mesé, gesprochen: Me-See) ist keine bestimmte Mahlzeit, sondern eine Form des Essens. Der Kellner stellt 15, 20 oder auch 30 verschiedene Gerichte auf den Tisch, von denen sich jeder nimmt. Die Abfolge beginnt normalerweise mit kleinen Salaten und Pürees, Oliven und gegrilltem Käse. Dann folgen vielleicht Ravioli und Fleischbällchen, Kalamares und Schnecken. Wer nicht aufpasst, ist satt, bevor die Hauptgerichte kommen: darunter zum Beispiel Lammkoteletts und Leber, Hühnerbeine und Stifádo. Obst oder süß eingelegte Früchte bilden den Abschluss. Für solch ein Mezé-Essen zahlt man in der Regel nur geringfügig mehr als für ein Tellergericht mit Vorspeise.

Gut: die Paréa

Ein Mezé-Essen macht nur dann richtig Freude, wenn man es wie ein Zypriote genießt – im größeren Freundes- oder Familienkreis. Zyprioten gehen ungern in trauter Zweisamkeit aus. Die gute Tischgemeinschaft, *paréa* genannt, ist mindestens ebenso wichtig wie das gute Essen. Auch mit den **Essenszeiten** hält man es anders als bei uns. Ein Mittagessen kommt auch um 14 Uhr noch gelegen, abends setzt man sich selten vor 21 Uhr zusammen.

Ein Mentalitätsunterschied wird auch beim **Bezahlen** deutlich. Am gemeinsamen Tisch zahlt einer für alle. Wer getrennte Rechnungen wünscht, sollte dies bereits bei der Bestellung angeben.

Zahlreich: die Restaurants

Südzypriotische **Restaurants** unterscheiden sich kaum von denen in Mitteleuropa – nur dass man fast das ganze Jahr über draußen sitzen kann. Die Speisekarten sind meist mehrsprachig abgefasst.

Der in Griechenland teilweise noch übliche Brauch, Gäste in der Küche in die Töpfe schauen zu lassen, ist auf Zypern unbekannt. Als preiswerte Alternativen zu den klassischen Restaurants bieten sich viele moderne **Fast-Food-Lokale** (s. S. 58) und einfache Grillstuben an, in denen es vor allem Hühnchen, Seftaliá und Fleischspießchen sowie manchmal auch Gýros bzw. Döner im *píta* genannten Fladenbrot gibt.

Zyprioten brauchen aber nicht immer Restaurants, um gut zu essen. Überall auf der Insel haben die Forstverwaltungen **Picknickplätze** angelegt, auf denen man grillen und Trinkwasser schöpfen kann. Hier sieht man an Wochenenden und im Ferienmonat August zahllose Gruppen von Zyprioten gemeinsam sitzen, essen, trinken und feiern.

Getränke

Zypern ist eine Weininsel; schon die Bibel erwähnt zypriotischen **Wein.** Drei große Kellereien beherrschen den Markt. ETKO, gegründet 1844, ist die älteste Kellerei, SODAP ist im Besitz von 10 000 Genossenschaftswinzern aus 144 Dörfern; KEO gehört 5000 Aktionären, von denen 90 % selbst Winzer sind. Daneben gibt es viele kleine Kellereien mit hervorragenden Produkten. Als Aristokrat unter Zyperns Weinen gilt der goldfarbene, süffige Aperitifwein Commandaria, der mit Sherry zu vergleichen ist. Sherries werden hier zusätzlich produziert.

KEO braut auch **Bier** und teilt sich mit einer Niederlassung von Carlsberg den Markt. Als Spirituose wird neben ausländischem Whisky vor allem einheimischer **Brandy** getrunken. Ein leckerer Likör aus Bitterorangen ist der **Fílfar,** ein kräftiger Tresterschnaps der **Tsiwanía.** Noch aus Kolonialzeiten stammt ein anderes Nationalgetränk: Der Longdrink **Brandy Sour.** Er wird weit häufiger getrunken als der Anisschnaps **Oúzo.** Den gibt es sowohl preiswert aus zypriotischen Destillen als auch teuer aus Griechenland importiert.

Besonderheiten Nordzyperns

Die türkisch-zypriotische Küche unterscheidet sich von der griechisch-zypriotischen fast nur durch das Fehlen von Schweinefleisch. Eine Variante des Mezé ist das ›Full Kebab‹: nach einigen Tellerchen mit Vorspeisen kommt eine Platte mit verschiedenen gegrillten Fleischsorten auf den Tisch. Durch den Einfluss der zugewanderten Festlandstürken trinkt man jetzt viel Tee aus kleinen Gläsern, die servierten Weine kommen zumeist wie der Raki aus der Türkei. Das Preisniveau ist etwas niedriger als im Süden.

Kulinarisches Lexikon

Frühstück

avgá mátja Spiegeleier
avgá me béikon *(avga mä bekon)* Eier mit Speck
boútiro *(vutiro)* Butter
chimó portokaláda Orangensaft
froúta *(frutta)* Obst
giaoúrti *(ja'urti)* Joghurt
kafé me gála *(kaffä mä gala)* Kaffee mit Milch
louchaniko Wurst
marmelada *(marmälada)* Konfitüre
méli Honig
psomáki Brötchen
psomí Brot
sambón Schinken
tirí Käse
tsái Tee

Vorspeisen

achinós saláda Seeigelsalat
chtipití pürierter Schafs- und Ziegenkäse mit viel Knoblauch und manchmal auch etwas Chili
dolmadákia mit Reis und Kräutern gefüllte Weinblätter
eliés *(äljäs)* Oliven
féta *(fätta)* Schafskäse
gígantes *(jigandäs)* in Tomatensauce eingelegte große Bohnen
hoúmous Püree aus Kichererbsen mit Olivenöl und Knoblauch
melintzano saláda *(mälidsano salada)* Auberginenpüree
oktapódi saláda Oktopus (Krake) gekocht und in Öl eingelegt
saganáki gebackener Schafskäse
skordaliá *(skordalja)* mit viel Knoblauch gewürztes Kartoffelpüree
tachíni Püree aus Sesamsamen, Knoblauch, Olivenöl, Zitronensaft
táramo saláda oder **táramas** Püree mit Fischrogen
toursí sauer eingelegtes Gemüse
tzatzíki *(dsadsiki)* Joghurt mit geraspelter Gurke und Knoblauch

Salate

angoúri saláda Gurkensalat
choriátiki saláta der klassische ›Griechische Salat‹, meist mit Tomaten, Gurke, Paprika, Oliven und Féta; man isst ihn ohne Essig und mit viel Olivenöl
domáto saláta Tomatensalat
  me kremídia mit Zwiebeln
  chorís kremídia ohne Zwiebeln
láchano saláta Krautsalat

Suppen

domatósoupa Tomatensuppe
fasoláda *(fassolada)* Bohnensuppe
kakaviá oder **psarósoupa** Fischsuppe, wobei der Fisch nach Wahl auf einem eigenen Teller serviert wird
kreatósoupa trübe Fleischbrühe
patsá deftige Kuttelsuppe

Fleisch

arní oder **arnáki** Lamm
biftéki Frikadelle
bon filé echtes Filet
brizóla Kotelett
chirinó Schweinefleisch
gída Ziege
gourounópoulo Spanferkel
katsíki Zicklein
kefaláki gegrillter Lammkopf
keftédes Hackfleischbällchen
kimá Hackfleisch (als *kíma* betont wäre es ›die Brandung‹)
kirinó Schweinefleisch
kokorétsi Grillwürstchen aus Innereien, stark gewürzt
kotópoulo Huhn
kounéli *(kunälli)* Kaninchen
moskári Rindfleisch

paidákia *(pädakja)* Lammkoteletts, meist gegrillt
sikóti Leber
souvláki Fleischspieß

Typische Gerichte

gemistés *(jemistés)* mit Reis gefüllte Tomaten oder Paprikaschoten
keftédes Hackfleischbällchen mit Kartoffeln in Tomatensauce
kléftiko im Backofen gegartes Lamm- und Ziegenfleisch
kokkinistó Rindfleisch geschmort in Tomatensauce
koúpes Teigbällchen aus grob gemahlenem Weizen, mit Hackfleisch und Kräutern gefüllt
láchano dolmádes Kohlrouladen, gefüllt mit Reis und Hackfleisch
makarónia me kimá Spaghetti mit Hackfleischsauce
moussakás Auflauf aus Auberginen, Kartoffeln, Hackfleisch
pastítsio Nudelauflauf mit Käse und Hackfleisch
seftaliá würzige (nicht scharfe) Hackfleischwurst, die gegrillt wird
soúvla zypriotische Variante des griechischen Souvláki – ein Fleischspieß aus faustgroßen Fleischstücken
spetsofaí *(spetsofä)* Eintopf mit Paprika und Rauchwurst
stifádo Rindergulasch mit Zwiebelgemüse in einer würzigen Tomaten-Zimt-Kreuzkümmelsauce

Fisch & Meeresfrüchte

astakós Languste, Mittelmeerhummer
barboúnia *(barbunja)* Rotbarbe, kleiner und grätenreicher, aber feiner Seefisch der besten Kategorie
chtapódi Krake (als Salat, gegrillt oder mit Gemüse gekocht)
fángri Zahnbrasse
garídes Scampi
glóssa Scholle, Seezunge
kalamarákia Tintenfisch, fritiert oder in der Pfanne gebraten, kommt aber fast immer aus der Gefriertruhe
ksifiás Schwertfisch, meist als Scheibe gegrillt
lavráki Barsch
mídia *(midja)* Muscheln
soupiés *(ssupjes)* Tintenfisch (Sepia), oft im Ganzen oder auch gefüllt serviert, im Gegensatz zu Kalamares meist frisch gefangen
tónos *(tonnos)* Tunfisch
tsipoúra Dorade (Goldbrasse)

Süßspeisen

baklavás Blätterteig mit Nussfüllung, getränkt in Zuckersirup
chalvá knusprige Riegel aus Honig und Sesam
galaktoboúreko Blätterteig mit cremiger Grießfüllung
kaltsoúnia süße Käseteilchen
krem karamellé Karamelcreme
lokóm auch *loukoumádes* genannte, in Öl ausgebackene Teigbällchen in Sirup oder Honig, mit Sesam oder Zimt bestreut
revaní Grießkuchen
riságalo Reispudding
tirópitta Blätterteig mit Käsefüllung

Obst

karpoúsi Wassermelone
mílo Apfel
pepóni Honigmelone
portokáli Orange
rodákina Pfirsich
síka Feige
stafília Trauben

Aktivurlaub

Biken im verschneiten Tróodos, baden am Strand: Alles ist drin

Zypern ist ein Dorado für Wassersportler. Doch nicht nur das. Durch die großen Höhenunterschiede bei geringen Entfernungen kann man am gleichen Tag sowohl in den Bergen aktiv sein als auch anschließend am Meer ausspannen. Im Winter ist es sogar möglich, vormittags Ski und nachmittags Wasserski zu fahren.

Angeln

Im Meer darf jeder nach Herzenslust ohne besondere Genehmigung angeln. Wer Petri Heil an einem der 21 ganzjährig für Angler freigegebenen Stauseen Südzyperns suchen will, in denen sich 17 Fischarten tummeln, braucht dafür jedoch eine gebührenpflichtige Genehmigung (ca. 5,20 für einen, 17 € für alle Stauseen). Die Lizenzen sind in den Büros des *Fisheries Department* in Nicosia, Lárnaka, Limassol, Páfos und Paralímni erhältlich.

Baden

Baden ist überall erlaubt. Rote Bojen kennzeichnen Bezirke, die Schwimmern vorbehalten sind und von Wasserfahrzeugen jeder Art nicht befahren werden dürfen. Sonnenschirme und Liegestühle werden vor allen größeren Hotels sowie an vielen freien Stränden vermietet. Außerdem unterhält die Cyprus Tourism Organisation drei organisierte **Strandbäder in Lárnaka, Limassol und Geroskípou** bei Páfos. Eine Art ›Baywatch‹ gibt es an allen viel besuchten Stränden. Durch Haie ist an den Küsten Zyperns bisher noch niemand zu Schaden gekommen. Mit Quallen ist dagegen gelegentlich zu rechnen, vor einem Tritt in einen Seeigel muss man sich an felsigen Ufern in Acht nehmen.

Banana & Co.

Sehr beliebt als Zeitvertreib am Meer ist mittlerweile Banana Riding (vier bis sechs Leute auf einer Art Schlauchboot in Bananenform, das vom Speedboat gezogen wird); Ringos nennt man Einzelsitzer, die in Gruppen zu vier bis sechs vom Schnellboot geschleppt werden. An vielen Stränden werden auch Wasserski und Jetski angeboten. Wer es lieber gemächlich mag, kann Tret- und Elektroboote mieten.

Bowling

Moderne Bowling-Zentren gibt es in **Limassol** *(Limassol Bowling,* Argyrokastrou Street 4, Tel. 25 37 04 14) und in **Páfos** *(Cockatoos,* Ag. Antoníou St. 25, Tel. 26 82 20 04).

Bungee

Der einzige Bungee-Kran Zyperns steht das Sommerhalbjahr über bei **Agía**

Nápa. Er arbeitet seit 1993 unfallfrei und wird von Zyprioten und Australiern betrieben.

Climbing

Auch in Südzypern gibt es Kletterer. Sie haben sich in der *Cyprus Climbing and Mountaineering Federation* zusammengeschlossen und heißen Gäste willkommen. Telefonische Kontaktaufnahme unter Mobiltel. 99 42 78 92 oder 99 48 57 54.

Go-Karts

Bei **Páfos, Pólis, Limassol** und **Lárnaka** warten gut ausgestattete Go-Kart-Bahnen auf leidenschaftliche Rennfahrer. Sie sind meist täglich von morgens 9 oder 10 Uhr bis Mitternacht geöffnet und bieten auch kleine Elektro-Karts für Kinder.

Golf

Seit den 1990er-Jahren mausert sich Südzypern zu einem Dorado für Golfsportler. Inzwischen gibt es fünf gute Plätze, die alle wenige Kilometer abseits der Küste zwischen Limassol und Páfos liegen. Die drei besten 18-Loch-Golfplätze sind der Tsáda Golf Club 8 km nördlich von Páfos (s. S. 105), der Secret Valley Golf Club 18 km östlich von Páfos (Tel. und Website wie Tsáda) und das Ressort Aphrodite Hills oberhalb der Pètra tou Romioú zwischen Páfos und Limassol, auf dem man sogar im Luxushotel wohnen und Villen kaufen kann (Tel. 26 64 27 74, www.aphroditehills.com).

Marathonläufe

Anfang März findet ein Lauf zwischen den Pétra tou Romioú und dem Hafen von Páfos statt, die Bestzeit 2007 lag bei 2:41:07 Std. (www.ultrasportspafos marathon.com).

Minigolf

Minigolf kann auf kleinen Anlagen in allen Urlaubsorten gespielt werden. Besonders gut ist *Island Cove Mini Golf* gegenüber dem Hotel RIU Cypria Maris bei Páfos, Tel. 26 99 11 77.

Paragliding

Wer sich gern einmal an einem Fallschirm von einem Motorboot in etwa 10–30 m Höhe an einer 60, 100 oder 200 m langen Leine übers Wasser ziehen lassen möchte, hat dazu an mehreren Stränden Gelegenheit. Auch Tandem-Flüge sind möglich; der Preis ist von der Länge der Leine abhängig.

Radfahren

Das beste Radwegenetz Zyperns gibt es in der Region von Agía Nápa. Für Mountainbiker sind vor allem die vielen kleinen Straßen und Forstwege im Tróodos-Gebirge sowie in der Region um Pólis ideal. Gepflegte Mountainbikes und Rennräder vermietet Thomas Wegmüller in Limassol in den Hotels Atlantica Oasis & Garden, Atlantica Miramare Beach und Aquarius Beach (Tel. 25 63 40 93, mobil 99 66 62 00, www.veloferienzypern.com) sowie das Hotel Aliathon Holiday Village in Páfos (Tel. 26 96 44 00, www.aliathonvillage.com). Eine sehr gute Adresse für Mountainbiker ist auch die Radstation von Cyprus Villages in Kalavasós (G 8), die außer MTB's auch Touren-, Kinder- und Rennräder vermietet sowie geführte Mountainbiketouren durchführt (Tel. 24 33 29 98, www.cyprusvillages.de). Trainingscamps für Radrennfahrer und Mountainbiker hat ein deutsches Unternehmen im Angebot: Lifestyle Travel Team, Zur Lauterhecke 6, D-63877 Sailauf, Tel. 06093/973 70, Fax 06093/97 37 16, www.zypernbike.de. Mountainbike-Rennen und geführte

Mountainbike-Touren unter der Beteiligung vieler Einheimischer bietet The Cyprus Cycling Federation, P. O. Box 24572, CY-1301 Nicosia, Tel. 22 66 33 44, Fax 22 66 11 50, www.mtbcyprus.com.

Reiten
Mehrere Reitställe auf der Insel bieten die Möglichkeit zu ein- oder mehrstündigen Ausritten bis hin zu Tagestouren. Man findet sie bei **Pólis, Protarás, Limassol, Tochní** und **Kerýneia.**

Segeln
Im Gegensatz zur Ägäis ist das östliche Mittelmeer rund um Zypern kein attraktives Segelrevier. Es gibt zu wenig geschützte Buchten, zu wenig Marinas und aus politischen Gründen auch zu wenig Anlaufhäfen in der Umgebung. So segeln hier überwiegend Zyprioten, Russen und Israelis. Wer dennoch eine Yacht chartern will, wende sich an *Interyachting Ltd.,* Chr. Kranoú St. 33, Germasógia/Limassol, Tel. 25 81 19 00, Fax 25 72 00 21, www.interyachting.com.cy.

Speedboat-Miete
In allen Sportboothäfen und von manchen Wassersportstationen werden Speedboats vermietet. Bis 25 PS sind sie führerscheinfrei zu haben, aber selbst für Boote mit 125 PS und mehr genügt ein Pkw-Führerschein. Der Mieter muss mindestens 18 Jahre alt sein.

Surfen
Am mehreren Stränden werden Surfboards und Riggs vermietet. Zypern ist jedoch kein idealer Surf-Spot, da es an flachen Buchten und Windkanälen mangelt. Die beste Station und Surfschule auch für Kitesurfing ist an der **Pissoúri Bay** *Surf Cyprus* (Tel. 99 75 55 36, Fax 25 22 25 66, www.surfcyprus.com).

Tauchen
In allen Badeorten der Insel gibt es Tauchschulen und -stationen. Besonders zahlreich sind sie in Agía Nápa. Die Meeresfauna ist zwar nicht sonderlich spektakulär, aber die Felsküsten bieten interessante Formationen, Grotten und Höhlen; an mehreren Stellen ist auch Wracktauchen möglich. Antikenfunde dürfen nicht gehoben, Schwämme nicht geerntet werden. Das Harpunieren ist außerhalb der durch rote Bojen gekennzeichneten Schwimmgebiete überall erlaubt. Die einzige Dekompressionskammer der Insel steht im Krankenhaus von Lárnaka. Ein vollständiges Verzeichnis aller Tauchschulen gibt es bei: *Cyprus Federation of Underwater Activities,* P. O. Box 21503, CY-1510 Nicosia, Tel. 22 45 46 47.

Tennis
Die meisten großen Hotels verfügen über Tennisplätze, die meist mit Flutlicht ausgestattet sind.

Wandern
Die Cyprus Tourism Organisation hat zusammen mit der Forstverwaltung fast 40 Wanderwege und Naturlehrpfade (Nature Trails) angelegt. Sie sind gut gepflegt und markiert. In verschiedenen kostenlosen Broschüren, die schon vor Reisebeginn bei der Fremdenverkehrszentrale Zypern angefordert und auf der Insel selbst in den Büros der Tourist Information mitgenommen werden können, sind die Wanderwege beschrieben. An einigen Naturlehrpfaden machen Nummern oder Beschriftungen mit dem lateinischen Pflanzennamen auf botanische Besonderheiten aufmerksam. Die meisten Wanderwege

findet man im **Tróodos-Gebirge,** weitere auf der **Akámas-Halbinsel** sowie in der Region **Agía Nápa/Protarás.**

Leider ist nur ein Teil der Wege als Rundwanderweg angelegt. Einen Shuttle-Service zwischen Ausgangs- und Endpunkt gibt es nirgends, so dass man entweder per Taxi oder per Anhalter zurückkehren muss, wenn man nicht laufen will. Auf allen Wanderwegen ist festes Schuhwerk angebracht. Im Hochsommer sollte man auch an eine Kopfbedeckung und genügend Trinkwasser denken.

Wer nicht gern allein wandert, kann manchmal auch an geführten Touren teilnehmen. Ein guter Anbieter dafür ist *Ecologia Tours* in Páfos (s. S. 49). Außerdem bieten auch deutsche Reiseveranstalter ein- oder zweiwöchige Wanderreisen nach Zypern an. Auskunft darüber geben die Reisebüros.

Wintersport

Zwischen Anfang Januar und Ende März liegt an den Hängen des Olymp meist genügend Schnee für Skifahrer. Der Cyprus Ski Lift betreibt hier vier Schlepplifte mit 500, 350 und zweimal 150 m Länge. Es gibt Tagesskipässe (ca. 20 €); in der Schutzhütte des Skiclubs können Skier und Skischuhe für etwa 12 € ausgeliehen werden. Infos bei Cyprus Ski Club, Tel. 22 44 98 37, Fax 22 44 98 38, www.cyprusski.com. Dort werden auch Wettbewerbs-Termine veröffentlicht.

Die schönsten Strände

Níssi Beach (L 7): Der helle Sand an der leicht geschwungenen Bucht mit türkisfarbigem Wasser ist ein Augenschmaus, aber nichts für den, der Einsamkeit sucht. Das Ufer fällt extrem flach und kleinkindfreundlich ab, zu einem vorgelagerten Felsinselchen kann man meist bequem hinüberwaten. **Fáros Beach (J 8):** Der etwa 600 m lange, flach abfallende Sandstrand unterhalb des Hotels Faros Village Beach liegt vor einer niedrigen Steilküste. Nur ein kleiner Teil wird von Sonnenschirmen und Liegestühlen bestanden, eine gute Wassersportstation bietet ihre Dienste an.
Governor's Beach (G 9): Hier liegt man nicht nur auf mehreren schmalen, sandigen Strandabschnitten, sondern auch auf grünen Liegewiesen. Besonders schön ist die niedrige, weiße Klippenküste zwischen den einzelnen Strandabschnitten, die stellenweise etwas an Rügen erinnert.
Avdimoú Beach (D 9): Weil er auf britischem Hoheitsgebiet steht, ist der 1 km lange Strand aus Sand und bunten Kieselsteinen bis auf zwei Tavernen noch unverbaut – eine Seltenheit auf Zypern. Zum Baden kommen überwiegend britische Soldaten und ihre Familienangehörigen her.
Pissoúri Beach (C 9): Ein kilometerlanger Sand- und Kiesstrand mit dem richtigen Mix. Im Westen stehen die Hotels und Tavernen, werden Liegestühle und Wassersportmöglichkeiten angeboten. Je weiter man nach Osten geht, umso einsamer wird der Strand.
Golden Beach / Ormos tis Nagkómis (M 2): Fast an der äußersten Spitze der Karpass-Halbinsel in Nordzypern säumt ein über 6 km langer und über 1 km breiter Feinsandstrand mit niedrigen Dünen das Meer. Außer vier Tavernen mit einfachsten Bungalows und Zeltmöglichkeiten steht hier kein einziges Haus, kein Hotel. Auch Liegestuhlvermietung und Wassersportstationen gibt es (noch) nicht.

Sprachführer

Das griechische Alphabet

Α α	**a**	Ν ν	**n**
Β β	**v**	Ξ ξ	**x (ks)**
Γ γ	**j** vor E und I, sonst **g**	Ο ο	wie in ›**o**ft‹
		Π π	**p**
Δ δ	wie engl. ›**th**e‹	Ρ ρ	gerolltes **r**
Ε ε	**ä (e)**	Σ σ	wie in ›Ta**ss**e‹
Ζ ζ	wie **s** in Sahne	Τ τ	**t**
Η η	**i**	Υ υ	**i**; nach A und E wie **f**
Θ θ	wie engl. ›**th**anks‹	Φ φ	**f (ph)**
Ι ι	**i**, vor Vokal wie **j**	Χ χ	vor E, I wie ›i**ch**‹ vor A, O, U wie ›a**ch**‹
Κ κ	**k**		
Λ λ	**l**	Ψ ψ	**ps**
Μ μ	**m**	Ω ω	wie in ›**o**ft‹

Buchstabenkombinationen

ΑΙ	αι	**e (ä)**	ΝΤ	ντ	**d** im Anlaut, **nd** im Wort
ΓΓ	γγ	**ng**			
ΕΙ	ει	langes **i**	ΟΙ	οι	**i**
ΜΠ	μπ	**b** im Anlaut, **mb** im Wort	ΟΥ	ου	**ou (u)**
			ΤΖ	τξ	**tz (ds)**

Aussprache

Wichtig ist die richtige Betonung, nämlich auf der Silbe, die den Akzent trägt. Vokale werden immer kurz und offen ausgesprochen!

Allgemeines

Guten Tag!	Kaliméra!
Guten Abend!	Kalispéra!
Gute Nacht!	Kaliníchta!
Auf Wiedersehen!	Adío!
Gute Reise!	Kaló taxídi!
Hallo!	Jássu! (per du, per Sie oder mehrere: Jássas!)
Wie geht's?	Ti kánis?
gut (m./f.)	kaló/kalí
schlecht (m./f.)	kakó/kakí
Geht es dir gut?	Ísse kalá?
Sehr gut!	Polí oréo!
Bitte	Parakaló!
Bitte sehr!	Oríste!
Danke	Efcharistó!
Entschuldigung	Singnómi!
ja/nein	ne/óchi
der (das) da/die da	aftó/aftí
Ich heiße …	Mé léne …
Wo ist … ?	Pu íne … ?
Gibt es … ?	Échi … ?

Zeit

heute	símera
morgen	ávrio
morgens	to proí
abends	to vrádi
vor/nach	pró/ístera ápo
früh/spät	énoris/arjá

Notfall

Hilfe!	voíthia
Polizei	astinomía
Arzt	jatrós
Krankenhaus	nossokomío
Apotheke	farmakío
Unfall	átichima
Panne	pánna

Unterwegs

Haltestelle	stathmós
Bus	leoforío
Fahrkarte	isitírio
Hafen	limáni
Schiff	karávi
Auto	aftokínito
Eingang	ísodos
Ausgang	éxodos
links/rechts	aristerá/deksjá
geradeaus	efthían
hinter, zurück	píso
Vorsicht	prosochí
geöffnet	aniktó
geschlossen	klistó

Im Hotel

In allen Hotels wird Englisch gesprochen, oft auch Deutsch.

Im Restaurant

essen	trógo
trinken	píno
Prost	jámmas
Speisekarte	katálogos
Vorspeise	orektikó
eine Portion	mía merída
zwei Portionen	dío merídes
heiß/kalt	sésto/krío
Kaffee	kafés (Pl.: kafédes)
mit/ohne	me/chorís
Zucker/Milch	záchari/gala
Brot	psomí
Fisch	psári
Wein	krássi
Bier	bíra (Pl.: bíres)
Rechnung	logarjasmó
Wasser	neró
mit Kohlensäure	soda

Zahlen

1	éna (m.), mía (f.)	30	triánda
2	dío	40	saránda
3	tría, tris	50	penínda
4	téssera	60	eksínda
5	pénde	70	eftomínda
6	éksi	80	októnda
7	eftá	90	enneninda
8	októ	100	ekató
9	ennéa	200	diakósja
10	déka	300	triakósja
11	éndeka	400	tetrakósja
12	dódeka	500	pendakósja
13	dekatría	600	eksakósja
14	dekatéssera	700	eftakósja
20	íkossi	800	oktakósja
21	íkossi ena	900	ennjakósja
22	íkossi dío	1000	chílja
		2000	dío chiljádes

Wichtige Sätze

Auskünfte

Wo fährt der Bus nach … ab? Pú féwji tó leoforío já … ?
Wann fährt er ab? Póte thá féwji?
Ist das der Weg nach … ? Ine aftós ó drómos já … ?
Ich suche eine Apotheke. Thélo ná vró éna farmakío.
Ich möchte telefonieren. Thélo ná tilefonísso.
Wie spät ist es? Ti óra íne?

Restaurant, Hotel, Markt

Kann ich (ein Glas Wasser) bekommen? Boró ná écho (éna potíri neró)?
Ich möchte (eine Flasche Retsina). Thélo (éna boukáli retsína).
Wo ist die Toilette, bitte? Pú íne i tualétta, parakaló?
Zahlen, bitte! Pliróssome, parakaló!
Haben Sie ein freies Zimmer? Échete éna léfthero domátio?
Wie viel kostet das? Pósso káni aftó?
Das ist teuer! Ine akrivós!

In der Bar

Woher kommst Du? Apo pu ísse?
Du gefällst mir (nicht)! (Dhen) M'aréssis!
Lass uns gehen! Páme!
Ich habe es eilig! Viássome!
Hau ab! Fíye!

Auskunft

Fremdenverkehrszentrale Zypern

... in Deutschland
Zeil 127, 60313 Frankfurt/Main
Tel. 069/25 19 19
Fax 069/25 02 88
CTO_FRA@t-online.de

Wallstr. 27, 10179 Berlin
Tel. 030/23 45 75 90
Fax 030/23 45 75 92

... in Österreich
Zypern Tourismus
Parkring 20, 1010 Wien
Tel. 0222/513 18 70
Fax 0222/513 18 72
zyperntourism@aon.at

... in der Schweiz
Gottfried-Keller-Str. 7, 8001 Zürich
Tel. 044 62 33 03
Fax 044 51 24 17
ctozurich@bluewin.ch

Nordzypern Tourismuszentrum

... in Deutschland
Basler Str. 35–37,
60329 Frankfurt/Main
Tel. 069/24 00 79 46
Fax 069/24 00 79 48
info@nordzypern-touristik.de

Tourist Information

... auf Zypern
Büros der Cyprus Tourism Organisation (C.T.O.) gibt es in allen südzypriotischen Städten, an den Flughäfen von Páfos und Lárnaka, am Hafen von Limassol sowie in Páno Plátres. Nordzpyern unterhält Tourist-Infos in Nicosia, Kerýneia/Girne und Famagusta (die Adressen finden Sie jeweils dort).

Ein- und Ausreise

Ausweis: Bürger aus den EU-Staaten und aus der Schweiz brauchen nur einen gültigen Personalausweis oder Reisepass. Kinder unter 16 Jahren benötigen einen eigenen Kinderausweis (ab 12 Jahren mit Bild) oder müssen im Pass der Eltern eingetragen sein.

Anreise

Mit dem Flugzeug

Im Charterverkehr werden die Flughäfen von Páfos und Lárnaka ganzjährig von vielen Orten in den deutschsprachigen Ländern aus angeflogen. Im Linienverkehr fliegen Austrian Airlines, Lufthansa und Swiss ausschließlich, Cyprus Airways überwiegend nur Lárnaka an. Beide Flughäfen sind behindertenfreundlich.

Bankschalter und **Informationsbüros** der Cyprus Tourism Organisation, die zu allen Ankünften geöffnet haben, gibt es in beiden Flughäfen.

Busse vom Flughafen Lárnaka: 5 km westlich des Stadtzentrums. Linienbusse vom Flughafen nach Nicosia Mo–Fr 6.25, 8.40, 10.40, 12.40, 14.10 und 15.40 Uhr, Sa nur 6.25, 8.40, 10.40 und 12.40 Uhr; nach Limassol Mo–Sa 7.40, 9.40 und 12.40 Uhr, Mo–Fr auch 16.10 Uhr; nach Agía Nápa und Protarás Mo–Fr 9.40 und 14.40 Uhr. Taxis stehen vor dem Flughafengebäude in großer Zahl bereit.

... Flughafen Páfos: 15 km östlich des Stadtzentrums, Linienbusverbindung zu den Strandhotels von Geroskípou, Páfos und Coral Bay von 8 bis 18 Uhr alle 2 Std., auch Taxis stehen bereit.

Mietwagen können an beiden Flughäfen angemietet werden.

Mit der Fähre

Zur Zeit findet kein Personen- und Pkw-Fährverkehr zwischen Europa und Zypern statt.

Über Fährverbindungen zwischen der Türkei und Kerýneia/Girne, Nordzypern, informiert das Nordzypern Tourismuszentrum (S. 34).

Geld

Währung in Südzypern ist der Euro (griechisch *ewró* oder englisch *júro* ausgesprochen). Die drei kleinen Cent-Münzen zieren zwei Mufflons, die drei großen das antike Schiff von Kerýneia, die Ein- und die Zwei-Euro-Münze das bronzezeitliche ›Idol von Pomos‹.

Währung in Nordzypern ist die Neue Türkische Lira (YTL). Der Euro wird fast überall als Zahlungsmittel akzeptiert.

1 YTL = 0,57 € bzw. 0,92 CHF

1 € = 174 YTL; 1 CHF = 108 YTL

Geldwechsel bei Banken, zu schlechteren Kursen auch in vielen Hotels, in Nordzypern auch in vielen Wechselstuben. Abhebungen von den Bargeldautomaten der Banken sind mit der EC/Maestro-Karte, der SparCard der Post oder Kreditkarten möglich. In Restaurants und Hotels der gehobenen Kategorien werden Kreditkarten in der Regel akzeptiert (vor allem Visa- und MasterCard), in Tavernen und Pensionen allerdings nur selten.

Notfall

Polizei, Feuerwehr und Krankenwagen kostenfrei unter Tel. 112.

Pannendienst: Bei Pannen mit dem Mietwagen sollte man den Vermieter anrufen.

Deutsche Botschaft: Nicosia, Odós Nikitará 10, Tel. 22 45 11 45 und 22 44 43 62, Fax 22 66 56 94.

Österreichische Botschaft: Nicosia, Leofóros Dim. Severi 34, Tel. 22 41 01 51, Fax 22 68 00 99.

Schweizer Botschaft: Nicosia, Odós Th. Dérvi 46, Tel. 22 46 68 00, Fax 22 76 60 08.

Telefonieren

In Südzypern telefoniert man am besten mit Telefonkarten, die an Kiosken, in Zeitungs- und Tabakläden, in Supermärkten und bei den Büros der zypriotischen Telekommunikationsgesellschaft CYTA erhältlich sind (siehe auch Tipp S. 15) und in Nordzypern am besten aus privaten Telekommunikationsbüros.

Vorwahlen: Wer nach Deutschland telefonieren will, wählt 0049, in die Schweiz 0041, nach Österreich 0043, dann die Ortsvorwahl ohne die Null.

In Südzypern sind alle Telefonnummern acht-, in Nordzypern siebenstellig; eine Ortsvorwahl gibt es nicht. Bei Anrufen aus dem Ausland nach Südzypern wählt man die Vorwahl 00357 plus die acht-, bei Anrufen nach Nordzypern die Vorwahl 0090392 plus die siebenstellige Rufnummer.

Handys sind weit verbreitet, über die günstigsten Roaming-Partner informiert Sie Ihr Provider.

Öffnungszeiten

Banken: Im Süden Mo–Fr 8.30–12.30 (Juli, Aug. ab 8.15), Mo auch 15.15–16.45 Uhr. In Nordzypern Mo–Fr 8.30–14 und Mo 15–18 Uhr.
Postämter: Im Süden Mo–Fr 7.30–13, Sa 7.30–12 Uhr. Die Hauptpostämter in Nicosia, Lárnaka, Limassol und Páfos außerdem Mo–Fr 16–18 Uhr. In Nordzypern Mo–Fr 8–13 und 14–17, Sa 9–12 Uhr.
Geschäfte: In Südzypern 8–19.30 (Mai–Sept. bis 20.30) und Sa 8–18 Uhr, Mittagspause nach Gutdünken. In Nordzypern Mai–Sept. Mo–Sa 8–14 und 16–18, Okt.–April Mo–Sa 8–17 Uhr.
Souvenirläden: Tgl. ca. 9–23 Uhr.

Gesundheit

Vorbeugung: Um schweren Sonnenbränden vorzubeugen, sind Cremes mit hohem Schutzfaktor dringend zu empfehlen. Durchfall lässt sich durch Hygienemaßnahmen wie häufiges Händewaschen vermeiden, auch sollte man keine eiskalten Getränke trinken. Rohkost und Leitungswasser kann man bedenkenlos zu sich nehmen. Vorsicht ist nur bei weich gekochten Eiern und Mayonnaise geboten. Durch Ohrenstöpsel beugt man Mittelohrentzündungen vor, die durch Keime im Wasser der Pools verursacht werden können.
In Notfällen werden Urlauber in den staatlichen Krankenhäusern und Gesundheitszentren kostenlos behandelt. Private Kliniken und frei praktizierende Ärzte müssen jedoch ebenso wie Medikamente bar bezahlt werden. Daher empfiehlt sich dringend der Abschluss einer **Reisekrankenversicherung.**

Behinderte

Für Körperbehinderte wird auf Zypern viel getan. Viele Hotels sind behindertenfreundlich geplant; diese sind im offiziellen Hotelverzeichnis der C.T.O. benannt (s. S. 22). Mehrere Reisebüros in Südzypern besitzen Spezialbusse für Rollstuhlfahrer, an den Flughäfen ist man gut auf sie eingestellt. Auch die Hilfsbereitschaft der Zyprioten ist groß.

Unterwegs auf Zypern

Mit dem Bus
Von privaten Gesellschaften betriebene Linienbusse verbinden die Städte mehrmals täglich untereinander. Sie verkehren allerdings nicht an Samstagnachmittagen, an Sonntagen oder abends.

Mit dem Service Taxi
Das gängigste Verkehrsmittel zwischen den Städten im Süden sind die Service Taxi genannten Sammeltaxis. Sie sind etwa doppelt so teuer wie Linienbusse, bieten aber häufigere Abfahrtszeiten und Abholung von jedem gewünschten Ort innerhalb der Stadtgrenzen. In der Regel handelt es sich um Mercedes-Fahrzeuge, die bis zu sieben Passagieren Platz bieten. Service-Taxis sind werktags zwischen etwa 6 und 18 Uhr unterwegs, samstags, sonntags und an Feiertagen zwischen 7 und 17 Uhr. Im Norden fahren Dolmus genannte Sammeltaxis auf festen Routen zwischen den Städten und in größere Dörfer.

Mit dem Taxi
In allen Städten und Touristenzentren stehen rund um die Uhr Taxis bereit. Zwischen 6 und 20 Uhr gilt im Süden

der Tarif I (ca. 0,55 €/km, Wartestunde ca. 12,80 €), nachts sowie an Sonntagen der Tarif II (ca. 0,67€/km, Wartestunde ca. 14,80 €). Im Norden sind Taxis etwas preiswerter.

In größeren Dörfern gibt es sog. *Rural Taxis* (griech. Agoréo), in denen es keine Taxameter gibt. Sie sind etwas preiswerter als städtische Taxis, dürfen Fahrgäste aber immer nur in ihrem Herkunftsdorf aufnehmen.

Mit dem Auto oder Zweirad

Das zypriotische Straßennetz ist sehr gut ausgebaut, die Städte sind untereinander durch mautfreie Autobahnen von mitteleuropäischem Zuschnitt verbunden. Die Zyprioten fahren in der Regel sehr diszipliniert, die Fahrzeuge sind fast immer in einem guten Zustand. Die Beschilderung ist vorbildlich.

Leihwagen: Mietautos vom Kleinwagen bis zum Jeep und Minibus werden in allen Städten und Touristenzentren in großer Zahl angeboten. Sie tragen ein rotes Nummernschild mit einem Z als erstem Buchstaben. Die Preise sind abhängig von Mietdauer und Saison. Für einen Pkw mit 1200 ccm zahlt man im Sommer etwa 32–36 €, im Winter kann man Rabatte aushandeln. Im Mietpreis sind immer unbegrenzte Freikilometer, Haftpflicht- und Vollkaskoversicherung (Letztere mit 500–900 € Selbstkostenbeteiligung) enthalten. Der nationale Führerschein genügt; viele Firmen setzen aber ein Mindestalter des Mieters von 21 Jahren voraus.

Mopeds und Motorräder: Zweiräder werden auf ganz Zypern weitaus seltener verliehen als auf anderen Mittelmeerinseln. Man findet sie hauptsächlich in den ausgesprochenen Badeorten. Es wird der nationale Führerschein verlangt, der im Heimatland zum Fahren des entsprechenden Fahrzeugs berechtigt. Das Mindestalter des Fahrers beträgt 18 Jahre; Mopeds unter 50 ccm dürfen auch schon von 17-Jährigen benutzt werden. Es besteht Helmpflicht. Inklusive Vollkaskoversicherung kosten kleine Mopeds ab ca. 12 €/Tag, Motorräder über 100 ccm ab 18 €/Tag.

Fahrrad: Zypern ist keine fahrradfreundliche Insel. Radwege gibt es nur im Gebiet von Agía Nápa und Paralímni, wo auch viele Fahrräder vermietet werden. Mountainbikes werden in Urlaubsorten angeboten.

Verkehrsregeln: Auf ganz Zypern wird links gefahren. Die zulässige Höchstgeschwindigkeit beträgt auf Autobahnen 100 km/h, auf Landstraßen 80 km/h und in Ortschaften 50 km/h. Auf den Vordersitzen herrscht Gurtpflicht; Kinder unter 5 Jahren müssen auf dem Rücksitz Platz nehmen. Sind Kinder im Auto, darf nicht geraucht werden. Die Promillegrenze liegt im Süden bei 0,5, im Norden bei 0,0.

Tankstellen: Zahlreich, doch nur Mo–Fr und So 6–18 und Sa 6–16 Uhr geöffnet. Bei vielen Tankstellen kann man mit Bargeld oder per Kreditkarte 24 Stunden am Automaten zu tanken. Die Benzinpreise sind relativ niedrig.

Organisierte Touren

Organisierte Tagesausflüge per Bus werden von allen Urlaubsorten Südzyperns aus in alle Regionen ganz Zyperns veranstaltet, ebenso ganztägige Jeep-Safaris. Diese geben immer wieder Anlass zu Unmut, denn oft wirbeln die Konvois Staub auf. Zum Teil wird auch ein Großteil der Strecken auf Straßen zurückgelegt, für die man eigentlich kein geländegängiges Fahrzeug braucht.

Orte vo

Zu sehen gibt es viel auf Zypern, der drittgrößten Insel im Mittelmeer – an den Küsten ebenso wie im Gebirge und in der Inselhauptstadt Nicosia. Besuchen Sie alle wichtigen Sehenswürdigkeiten, die besten und urigsten Tavernen, die Lieblingsplätze der Nachtschwärmer und übernachten Sie in den schönsten Zimmern. Fahren Sie Ski in den Bergen oder entspannen Sie sich an einem der

n A bis Z

vielen schönen Strände. Dieser Führer zu ›Aphrodites Insel‹ gibt Ihnen nützliche Tipps und ausgesuchte Adressen an die Hand, damit Ihr Urlaub zum Erlebnis wird. Und dem, der auf Zypern Besonderes sehen möchte, seien die fünf Touren empfohlen. Zypern in kompakter, überschaubarer Form, für den, der viel sehen und nichts verpassen will.

Highlight 1

Agía Nápa (L/M 7)

Der südöstlichste Ort Zyperns, in dem über 2000 Menschen wohnen, lebt fast ausschließlich vom Tourismus – und macht seit neuestem als heißester Party-Spot am Mittelmeer Karriere. Das große Plus sind die vielen Sandstrände, die gepflegten Straßen und Hotels – und Zyperns einzige Fahrradwege. Dafür verzichtet man auf historisches Flair und ist relativ weit von den großen Sehenswürdigkeiten der Insel entfernt. Mittelpunkt des Urlauberlebens ist The Square, der zentrale, heute von Bars umgebene Platz vor dem Kloster. Wer es beschaulicher möchte, geht zum Fischerhafen am Rand des von Dünen begrenzten Ortsstrandes.

Sehenswert

Kloster Agía Nápa: Im Zentrum, tgl. 7–23 Uhr frei zugänglich.
Das 1570 gegründete Kloster dient heute als Begegnungsstätte für Christen aus Europa und dem Mittleren Osten. Für die Erfrischung der Besucher sorgt eine als Wasserspeicher dienende antike Eberkopfplastik im Klosterhof, vor dem Südtor gibt eine 600 Jahre alte Sykomore Schatten. Die aus Stein gehauenen Porträts am venezianischen Brunnen im Zentrum des Klosterhofs zeugen von Zeiten, als der Umgang mit der Liebe auf Zypern noch nicht so freizügig gehandhabt wurde wie heute: Der dargestellte ältere Herr verweigerte seiner ebenfalls gezeigten hübschen Tochter steinhart eine Liebesheirat, entschädigte sie dafür aber mit den finanziellen Mitteln zur Gründung dieses Klosters.

Hellenistisch-römische Gräber: Halbinsel Makrónissos beim Hotel Dome, frei zugänglich.
Auf einer flachen, kleinen Halbinsel wurden vor 2300 bis 2000 Jahren Tote in aus dem Fels gehauenen Schachtgräbern beigesetzt, in die Stufen hinunterführen. Die Verstorbenen waren darin in Tonsärgen beigesetzt.

Museum Thalassa: Leofóros Kryou Neroú 14, Juni–Sept. Mo 9–13, Di–So 9–13 und 18–22 Uhr; Okt.–Mai Mo 9–13, Di–Sa 9–17 Uhr, Eintritt ca. 3,50 €.
Modernes Meeresmuseum mit der originalgetreuen und seetüchtigen Rekonstruktion des 2300 Jahre alten Frachtenseglers, dessen Wrack vor Kerýneia geborgen wurde. Außerdem Schiffsmodelle, Kopien antiker Schiffsdarstellungen, Fossilien und Muscheln.

Sport & Strände

Sandy Beach: Etwa 900 m langer Sandstrand, der sich vom Hafen aus vor dem Ortskern nach Osten erstreckt.

Anonymous Beach: Sandstrand 3 km westlich des Ortszentrums von Agía Nápa.

Party nonstop

Während RTL noch Ballermann 6 für hip hält, ist die Szene längst woanders. Agía Nápa ist nun der Platz, wo man die Nächte durchfeiert und erst nachmittags zum Frühstück taumelt. Die Partys auf dem Square oder am Strand werden live von der BBC nach London übertragen, aber die Garage- oder 2 Step-Szene ist sowieso längst komplett hier. Zu den größten Events im Hochsommer fliegt sie sogar extra per Charter aus dem Vereinigten Königreich und Skandinavien ein.

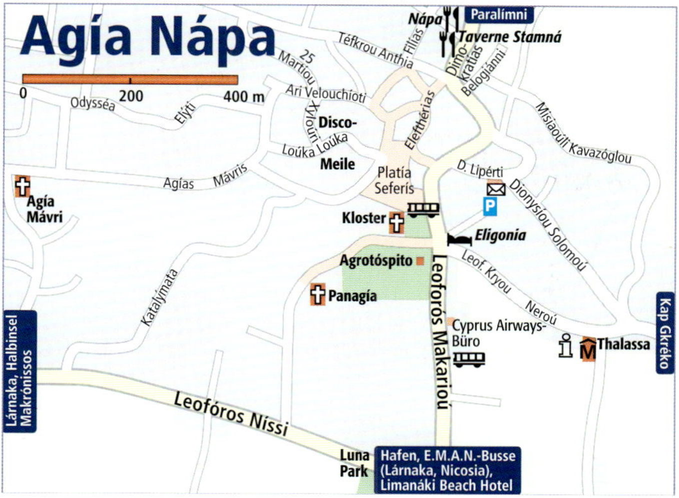

Níssi Beach: Langer Sandstrand an extrem flacher Bucht, bunt schimmerndes Wasser, 4 km westlich.

Makrónissos Beach: Zwei Sandstrände zu beiden Seiten einer kleinen Halbinsel, 5 km westlich.

Agía Thékla Beach: Kilometerlanger schmaler Strand ohne viel Betrieb, 6 km westlich. Direkt beim Kirchlein Agía Thékla liegt ein kleines Felsinselchen mit Sandstrand 30 m vor der Küste. Schwimmend oder mit hier zu mietenden Tretbooten und Kanus kommt man hinüber.

Beach Parties: Mehrere Beach Bars veranstalten Parties an einigen Sommernachmittagen. So gibt es in der *Macronissos Beach Bar* westlich vom Hotel Dome Mi und Sa um 14.30–18 Uhr eine Wet & Wild-Party, in der *Nissi Bay Beach Bar* tgl. zwischen 15 und 19 Uhr eine Beach Party mit renommierten Live DJs.

Bungee-Springen: 61 m hoher Bungee-Kran an der Níssi Bay, schon seit 1992 unfallfrei aktiv, tgl. 10–18 Uhr, www.bungeedownunder.com, erster Sprung inkl. T-shirt ca. 70, 2. Sprung 40, Tandem 100 €.

Club Wave Water Sports: Am Hafen, Tel. 99 66 90 02.
30 Min. Speedboat mit 150 PS ca. 70, Jet Ski (1100er Kawasaki) 1,80 €/ Min., Je nach Saison und Verhandlungsgeschick bis zu 30% Rabatt möglich!

Waterworld: Straße nach Agía Thékla, ausgeschildert, April–Okt. tgl. 10–18 Uhr, Eintritt ca. 28 € (Kinder 3–12 J. ca. 14 €), www.waterworldwaterpark.com.
Großes Spaßbad im bombastischen Stil eines Disneylands der Antike, nach Göttern und Heroen sind die Attraktionen benannt: Poseidons Wellenbad, Sturz des Ikarus, Taten des Herakles etc.

Lunapark: An der Straße nach Lárnaka, Mo–Fr 15–1, Sa/So 12–5 Uhr. Vergnügungspark mit Riesenrad, Achterbahn, Auto-Scooter, Bungee-Rocker, Minigolf und Mini-Eisenbahn.

Skycoaster: Gegenüber dem Luna Park, tgl. ab 15 Uhr, Flug inkl. Videoclip, T-shirt und Baseballmütze 45, zu zweit 60, zu dritt 80 €.

Zauberkiste C.T.O.

In machen Ländern ist der Gang zur offiziellen Tourist Information verschwendete Zeit. Nicht so auf Zypern. Die Büros der Cyprus Tourism Organization C.T.O. geben kostenlos großformatige Stadtpläne und Inselkarten aus und halten vor allem aktuelle Veranstaltungskalender für den Urlaubsort und ganz Zypern bereit. Am besten geht man gleich zu Urlaubsbeginn einmal hin, um nichts Interessantes zu verpassen.

Sturz in einer Kapsel aus 33 m Höhe. Mindestgröße des mutigen Gastes 100 cm.

Go-Kart: *EMU Riding Centre,* neben dem Waterpark, tgl. 9–22 Uhr, Tel. 23 72 44 44, ca. 7 € für 6 Min.

Ausgehen

Disco-Meile neben dem **Square** ist die Odós Loúka Loúka gleich oberhalb des Klosters.

Bedrocks: Odós Loúka Loúka, www.bedrockinn.com, ab 19 Uhr.
Karaoke in Steinzeit-Dekorationen, Barmann im Leopardenfell, DJ sitzt im Urvogel-Ei.

Black & White: Odós Loúka Loúka, tgl. ab 1.30 Uhr. Soul and Swing.

Carwash: Odós Agías Mávris 24, ab 1.30 Uhr.
Hits von den 1970er-Jahren bis heute, meist sehr voll.

Castle Club: Odós Loúka Loúka, www.thecastleclub.com, ab 1.30 Uhr.
Disco in einer nachgebauten mittelalterlichen Burg. Angeblich die größte Disco auf Zypern, drei Arenen.

Guru Ethnic Bar: Odós Odyséas Elítis 11, ab 18 Uhr.
Drei Bars mit DJ für die Zeit vor der Disco, gute Cocktails, auch Crossover-Küche.

Radio Napa: Keine Disco, sondern der örtliche Radiosender, der die Musik aus den Discos spielt und über die Ereignisse dort berichtet: 106,3 FM (UKW), www.radionapa.net.

Feste & Unterhaltung

Agía Nápa-Festival: Konzerte, Ausstellungen, Folklore im September.

Agía Nápa Sunday Festivities: Von Ostern bis in den Oktober hinein finden an jedem Sonntagmorgen auf dem Square Folklore-Shows statt, an denen man kostenlos teilnehmen kann.

Medieval Festival: An den letzten zehn Tagen im Juni abends um 21 Uhr, Tel. 25 37 28 55, Eintritt frei. Mittelalterliche Musik, präsentiert von Ensembles aus verschiedenen Ländern – ein erstklassiges Kontrastprogramm zum Disco-Sound!

C.T.O.: Leofóros Kryou Neroú 12, Tel. 23 72 17 96.

Eligónia Hotel Apartments: Leof. Kryou Neroú 1, Tel. 23 81 92 92, Fax 23 81 92 93, www.eligonia.com
DZ ca. 50, Nov.–März ab 26 €
22 Studios in ganz zentraler Lage, kleiner Pool im Innenhof.

Dome: Auf der Halbinsel Makrónissos, 5 km vom Ortszentrum, Tel. 23 72 18 21, Fax 23 72 10 10, www.domehotel.com.cy,
DZ Ü/F 140–160,
Nov.–März 95–120 €.
Ruhig zwischen zwei flach abfallenden Sandbuchten gelegenes Haus mit großem Sportangebot, u. a. auch Bogenschießen und Mountainbike-Exkursionen. 205 Zimmer.

Ein Stückchen New York auf Zypern: An der Neonbeleuchtung wird in Agía Nápa nicht gespart

Limanáki Beach: Odos 1i Oktovríou 18, Tel. 23 72 16 00, Fax 23 72 23 45, www.ayianapahotels.com
DR ab ca. 110, Nov.–März ab 40 €.
Modernes Hotel, 72 Zimmer, nur 100 m von Strand und Hafen, mit Pool und Hallenbad.

Níssi Beach: Am gleichnamigen Strand, 2,5 km vom Zentrum, Tel. 23 72 10 21, Fax 23 72 16 23, www.nissi-beach.com,
DZ Ü/F ca. 175–200,
Nov.–März 100–130 €.
Vor 1974 gegründetes, mehrfach erweitertes Hotel mit schönem alten Garten direkt am Sandstrand. 270 Zimmer.

Markos: Am Hafen, tgl. ab 8 Uhr, Fisch-Mezé ca. 17 €.
Besonders freundliche Taverne, große Auswahl.

Nápa: Odós Dimokratías 15, tgl. ab 12 Uhr, Mezé ca. 12, vegetarische Platte 8,50, Flasche Wein 8,50–15 €.
Die älteste Taverne im Ort mit schöner Gartenterrasse, freundlicher Service.

Stamná: Odós Dimokratías 8, tgl. ab 12 Uhr, Mezé ca. 13,50, Moussaká 8,50 €.
Seit 1983 bestehende Taverne im ältesten Haus des Ortes. Originell: Die Wände dienen hier als Gästebuch!

Busse: Nach Lárnaka Mo–Sa zwischen 8 und 17 Uhr stündlich, Mai–Okt. auch So 4x tgl. (9, 11, 15 und 16 Uhr) ab Kloster und Hafen, Fahrpreis einfach ca. 3,50 €. Nach Nicosia Mo–Sa 8 Uhr, Rückfahrt 15 Uhr, von Mitte Juni bis Mitte Sept. auch So. Fahrpreis einfach ca. 5,20 €. Weitere Busverbindungen s. Paralímni, S. 91.
Boote: Ausflugsfahrten entlang der Küste bei ruhiger See.

Ziele in der Umgebung

Kap Gkréko (M 7): 8–10 km östlich. Der südöstlichste Zipfel der Insel steht unter Naturschutz. Ein Wanderweg führt zur Kapelle Agíoi Anargýroi, die über Meeresgrotten erbaut ist, und dann weiter zum Kónnos Beach. Die Spitze des Kaps ist militärisches Sperrgebiet.
Liopétri (L 6): 15 km westlich. In dem kleinen Dorf werden im Sommer und Herbst noch traditionelle Körbe geflochten. Im Ortszentrum kann man die **Akhyrónas-Scheune** besichtigen, eine Gedenkstätte für vier Partisanen, die hier 1958 im Kampf gegen die Briten fielen.
Paralímni: s. S. 90.
Potamós tou Liopetríou (L 7): 9 km westlich. Im fotogensten Fischerhafen der Insel liegen die Boote in einer schmalen Flussmündung, an der auch zwei Tavernen stehen.

Ágios Geórgios (A 7)

Der kleine Weiler ist der letzte Ort im westlichen Teil der Südküste. Er besteht nur aus zwei Kirchen, einigen Pensionen und Tavernen und etlichen lose verstreuten Bauernhäusern. Unterhalb der über niedriger Steilküste gelegenen Siedlung gibt es einen modernen, viel genutzten Fischereihafen und einen kleinen Badestrand. So ist Ágios Geórgios (gesprochen Áyios Yóryios) als ruhiges Domizil für motorisierte Urlauber geeignet, die keinen Strand unmittelbar vor der Hoteltür brauchen.

Zypern für Hobby-Zoologen

Für Safaris ist Zypern ungeeignet. Trotzdem hat die Insel Hobby-Zoologen und tierliebenden Kindern einige Höhepunkte zu bieten. Zwischen November und April stehen in den **Salzseen von Lárnaka und Akrotíri** Hunderte von rosa Flamingos. Bei Bootsfahrten entlang der Steilküste zwischen Pissoúri und Koúrion (s. S. 59) oder in der Umgebung von **Stavrós tis Psókas** sieht man vielleicht noch Gänsegeier. Dort ist im Gehege der Forststation auch noch eine größere Moufflon-Herde relativ einfach zu beobachten. Große, drachenähnliche Reptilien sind die Harune (auf Deutsch auch Schleuderschwänze genannt) – Echsen, die auf einsamen Asphaltstraßen in der Sonne sitzen und auch an Hotelwänden emporklettern. Die Schlangen Zyperns kann man in der Nähe der Coral Bay in aller Ruhe und doch völlig ungefährdet betrachten. Da hat ein ehemaliger österreichischer UN-Soldat eine Schlangenfarm eingerichtet. Sein Ziel ist es, bei Urlaubern und vor allem auch bei Zyprioten mehr Verständnis für diese meist ganz zu Unrecht gefürchteten Tiere zu wecken und so zum Erhalt dieser Arten beizutragen. Der **Snake George Reptile Park** liegt nördlich der Straße von der Coral Bay nach Ágios Geórgios, die Zufahrt ist ausgeschildert.

Sehenswert

Kirchenbauten: Nördlich der modernen Dorfkirche, Mo–Sa 10–16 Uhr, Eintritt ca. 1,80 €. Im Ausgrabungsgelände sind die Grundmauern von drei frühchristlichen Basiliken aus dem 6. Jh. zu erkennen, deren Böden teilweise mit gut erhaltenen farbigen, geometrischen Mosaiken ausgelegt waren. Auch ein frühchristliches Taufbecken (Baptisterium) ist erhalten. An der Kasse erhält man kostenlos ein auch deutschsprachiges Heftchen mit Grundriss und Erläuterungen.

Sport & Strände

Mandoúlis Beach: Etwa 50 m Grobsandstrand am Hafenbecken, auf dem etwa fünf bis sechs Dutzend Liegestühle stehen. Am Rand kleine Snack-Bar (Bauernsalat ca. 4,30, Nescafé 1,75 €).

Reiten: *George's Ranch,* Kurz hinter dem Ortsende an der Straße zur Coral Bay, Tel. 26 62 10 64 u. 99 64 77 90. Reitstall mit Pferden und Ponys für Anfänger und Könner, Preise und Termine frei zu vereinbaren.

St. George Rent Rooms: An der Dorfkirche, Tel. 26 62 13 06, DZ ca. 26 €. 13 einfache Zimmer in Bungalows beim gleichnamigen Restaurant, teilweise mit Meerblick.

Macarthur: An der Straße ins Dorf, Tel. 26 62 20 11, Fax 26 62 14 36, DZ Ü/F ca. 85–105, Nov.–März 45–50 €. Neueres Hotel mit großem Pool und Tennisplätzen unter Flutlicht, ruhig gelegen. Nur motorisierten Urlaubern zu empfehlen; 35 Zimmer.

St. George: Am Steilufer schräg gegenüber der modernen Kirche, tgl. ab 10 Uhr, Kotelett ca. 9, Flasche Wein 9–15 €. Taverne mit großer Terrasse, auf der meist ein kühlendes Windchen weht, schöner Blick auf den Hafen und das gegenüberliegende Inselchen.

Vikléri: 3 km außerhalb über der Straße zum Lára Beach auf dem Gipfel eines Hügels gelegen. Von jener Straße auf 750 m langer, mittelmäßiger Piste zu erreichen. Tel. 26 99 10 88, tgl. ab 11.30 Uhr, Soúvla ca. 9–10 €. Taverne mit fantastischem Panoramablick, Steintische und Holzstühle unter einem riesigen Weinrankendach. Spezialität des Hauses ist Soúvla, große, am Spieß über Holzkohle gegrillte Stücke vom Schein oder Hühnerteile, serviert mit gebackenen Kartoffeln und Salat. Kein Á-la-carte-Essen.

Ágios Neófytos-Kloster (B 8)

In den Bergen über Páfos liegt diese Klosteranlage, deren Ursprünge auf das 12. Jh. zurückgehen.

Sehenswert

Enklístria und Museum: April–Okt. tgl. 9–13, 14–18, sonst 9–13, 14–16 Uhr, Eintritt ca. 1 €.
Keimzelle des in einem Talschluss erbauten Klosters ist die Enklístria genannte Höhlenkirche des Eremiten Neófytos (1134–1219) aus dem späten 12. Jh. Der Heilige hat sie selbst aus dem Fels gehauen. Alle drei Räume wurden Ende des 12. Jh. mit exzellent erhaltenen Fresken ausgemalt. Zwei davon zeigen Neófytos selbst. Auf dem einen führen ihn Erzengel am Tag des Jüngsten Gerichts vor den Richterthron, auf dem anderen kniet er zu Füßen Christi vor dessen Thron, neben dem Maria und Johannes der Täufer stehen.

Strand beim ›Bad der Aphrodite‹ auf der Akámas-Halbinsel

Das heutige Kloster mit schönem Innenhof und einem kleinen Museum stammt aus dem 16. Jh. Vorn links in der Klosterkirche werden die Gebeine des Neófytos als Reliquie verehrt. Das Gewölbe des linken Seitenschiffs ist mit Malereien ausgestattet, die einen Marienhymnus der orthodoxen Kirche (den Akathist) illustrieren. Ein kleines Museum zeigt Ikonen und andere Kunstschätze aus dem Besitz des Klosters.

Ein besonderes Erlebnis ist alljährlich die feierliche Ostermesse in der Klosterkirche, die am Ostersamstag um 23 Uhr beginnt und zahlreiche Menschen anzieht.

Agrós (E 7)

Die Häuser dieses 1200 Einwohner zählenden Dorfes verteilen sich über mehr als 100 Höhenmeter an den Hängen eines Gebirgstals etwa 1000 bis 1100 m über dem Meeresspiegel. Agrós ist Schul- und Einkaufszentrum für viele kleine Siedlungen im östlichen Tróodos und macht deswegen einen recht lebhaften Eindruck. In der Umgebung werden außer Wein vor allem Rosen angebaut. Im April und Mai wird in Agrós aus mehreren Tonnen Blütenblättern Rosenwasser destilliert. Auch die Fleischwaren sind landesweit berühmt: Loúndsa, eine Art Kasslerfleisch, Chiroméri, ein luftgetrockneter Schinken, und Loukaniká, scharf gewürzte Landwürste.

Sehenswert

Panagía Eleoússa: Im Dorfzentrum an der Hauptstraße, Schlüssel im Kafeníon gegenüber.
In der Dorfkirche aus dem 19. Jh. hängen zwei wertvolle Ikonen aus dem 12. Jh. Die eine zeigt Christus, die andere Maria mit dem Jesuskind.

Einkaufen

Kafkála: An der Hauptstraße beim Krankenhaus, Haus 36.
Metzgerei, in der man die Dorfspezialitäten auch verkosten und bei ihrer Herstellung zusehen kann.
Tsolákis: An der Hauptstraße beim Hospital ausgeschildert.
Rosenwasserspezialist, auch Rosenwein und -likör, Rosenkosmetika, eigene Keramikherstellung.

Vlachos: Im Dorfzentrum an der Hauptstraße, Tel. 25 52 13 30, Fax 25 52 18 90, DZ Ü/F ca. 45, Nov.–März 36 €.

Ródon: 1,5 km außerhalb des Dorfes, Tel. 25 52 12 01, Fax 25 52 12 35, www.rodonhotel.com, DZ Ü/F ca. 90, Nov.–März 65 €.
Hervorragendes, modernes Hotel auf einem Hügelkamm. Alle 155 Zimmer mit Panoramablick. Im Sommer wird das Hotel bevorzugt von zypriotischen Familien besucht; es gibt zwei Pools, einen Laden mit Dorfspezialitäten und einen Sportplatz. Im Sommer Wanderungen für Hotelgäste.

Busse: Mo–Sa Linienbusverbindung mit Limassol.

Ziele in der Umgebung

Lagouderá: s. S. 63.
Louvarás (E8): 16 km südlich abseits der Straße, die Agrós mit Limassol verbindet.
Der sehr gastfreundliche Schlüsselverwahrer für die Kirche Ágios Mámas wohnt im Dorf am zweiten Hinweisschild zur Kirche, die 1455 erbaut und 1495 ausgemalt wurde.
Platanistása: s. S. 95.

Akámas-Halbinsel (A 6/7)

Die Halbinsel im äußersten Westen Zyperns, benannt nach einem heimlichen Geliebten der Aphrodite, ist heute teilweise ein Nationalpark, den die Briten allerdings manchmal noch als Manövergebiet nutzen. Um ihn zu erkunden, nimmt man am besten einen Jeep oder wandert.

Sehenswert

Avgás-Schlucht (Farangí Avgás): An der Piste entlang der Südküste ausgeschildert. Am Ende des Feldwegs beginnt bei einer Grapefruitplantage ein Pfad, der die auch Avákas genannte Schlucht nach 1,5 km erreicht. Für die 8 km lange Wanderung braucht man ca. 3 Std. Eindrucksvolle Schlucht mit Platanen und Oleander entlang dem Bachbett; niedrige, aber senkrechte Felswände, die an mehreren Stellen bis auf wenige Meter zusammenrücken. Gutes Schuhwerk unerlässlich!

Fontana Amorosa: An der Nordküste, nur per Boot oder zu Fuß zu erreichen.
Die Liebesquelle der Aphrodite ist heute nur noch ein einbetoniertes, hässliches Becken. Schön aber ist es, mit dem Boot dorthin zu fahren und dann zu Fuß in etwa 2 Std. durch Heidelandschaft und später an der Steilküste entlang zum Bad der Aphrodite (Loutrá tis Afrodítis, s. S. 65) zurückzuwandern.

Lára Beach Turtle Project: Am Strand an der Lara Bay legen im Sommer Karettschildkröten ihre Eier ab. Die Gelege werden von Naturschützern gesichert und kontrolliert; ein Teil der Eier wird auch künstlich ausgebrütet.

Die einzige Taverne im Nationalpark steht am **Lara Beach** und ist nur im Hochsommer geöffnet.

Highlight 2

Asínou (E 6)

Asínou ist kein Dorf, sondern eine Gemarkung in der Bergeinsamkeit oberhalb des Dorfes Nikitári.

Sehenswert

Kirche Panagía Forviótissa: Mo–Sa 9.30–12.30 und 14–16 Uhr, So 10–13 und 14–16 Uhr; wenn dennoch geschlossen, im Dorf Nikitári (beim Kafenío) nach Priester Kyriákos fragen.
Dem kleinen Scheunendachkirchlein sieht man von außen nicht an, dass es der Höhepunkt jeder Kunstreise durch Zypern ist. Bei einem Blick unters Ziegeldach bemerkt man indes, dass sich darunter zwei Kuppeln und zwei Halbkuppeln verbergen. Ein Blick auf die Fassade in der Nähe der Apsis zeigt, dass man schon früher das Bauwerk selbst für zu bescheiden hielt. Um seine einfache Mauerkonstruktion aus Feldsteinen zu vertuschen, überzog man es mit Putz. Darin ritzte man sich rechtwinklig schneidende Linien ein. So entstand der Eindruck, die Kirche sei aus großen Steinblöcken errichtet.

Betritt man die Kirche, wird man von der ganzen Bilderwelt der Orthodoxie umfangen. Der Innenraum ist vollständig ausgemalt, die Farben leuchten so frisch wie am ersten Tag – und der liegt schon fast 900 Jahre zurück. Sie wurden nicht etwa restauriert, sondern nur gereinigt. Die ältesten können in die Jahre 1106/07 datiert werden, andere sind aus dem 14. Jh.

Choirokoitía (G 8)

Der kleine, auch Chirokítia geschriebene Ort ist schon seit über 9000 Jahren besiedelt: Archäologen legen hier seit 1936 die größte jungsteinzeitliche Siedlung Zyperns frei.

Sehenswert

Ausgrabungen: Am Dorfrand nahe der Autobahn, Juni–Aug. tgl. 8–19.30 Uhr; Nov.–März tgl. 8–17 Uhr; April/Mai und Sept./Okt. tgl. 8–18 Uhr, Eintritt ca. 1,80 €.
Die neolithische Siedlung lag am Hang eines niedrigen Hügels, der auf drei Sei-

ten von einem Bach umflossen wird. Die etwa 50 bisher ausgegrabenen Rundhütten wurden aus Steinen aus diesem Bach errichtet. Etwa 1000 Menschen lebten in diesem Dorf und ernährten sich von Jagd, Ackerbau und Viehzucht. Ihre Hütten hatten einen Durchmesser von bis zu 10 m und eine Mauerstärke von bis zu 3 m. Zum Dachbau wurden Materialien wie Holz, Schilfrohr und Lehm verwendet.

In einigen Hütten waren unter dem Boden Tote beigesetzt. Sie lagen in Hockstellung und waren mit einem großen Stein beschwert, wie um zu verhindern, dass sie den Lebenden gefährlich werden. Manche Wissenschaftler vermuten, dass es sich bei den Skeletten um Überreste von rituellen Menschenopfern handelt. Nahe dem Eingang wurden vier Hütten rekonstruiert, so dass man sich das ganze Dorf besser vorstellen kann.

Vassilikís: An der Kreuzung der Autobahnzubringer, tgl. 24 Std. geöffnet, Täubchen ca. 3,50, andere Hauptgerichte ca. 5,50–8,50 €. Eine Art private Raststätte mit echt zypriotischer Küche für Einheimische. Besser kann man auf Zypern kaum essen!

Coral Bay (A 8)

Die Korallenbucht besteht eigentlich aus zwei Buchten, die durch die kurze Halbinsel Palaíkastro-Maa getrennt sind. Oberhalb der Buchten ist eine große Feriensiedlung mit zahlreichen neuen Hotels entstanden, die der Coral Bay viel von ihrem ehemaligen Reiz genommen hat. Vor allem in der östlichen Bucht, die von einer niedrigen Steilküste gesäumt wird, kann man am Strand aber tatsächlich noch pulverisierte, rötliche Korallenreste finden. Zwischen der Coral Bay und Ágios Geórgios sind von der Küstenpiste aus Meeresgrotten *(sea caves)* im Steilufer zu sehen.

Wanderungen für Wissbegierige

Christós Charalámbous kann den Gästen seiner Wanderungen mehr bieten als die meisten anderen Führer. Er hat in Zürich Geologie studiert, das Geologische Museum in Páfos gegründet und offeriert jetzt geführte Touren auf der Insel. Wer die Natur nicht nur genießen, sondern auch verstehen will, ist bei ihm an der richtigen Adresse. Eine Wanderung im **Tróodos-Gebirge** kostet inklusive Fahrt und Lunch oder Picknick ca. 60, eine Wanderung durch die **Avákas-Schlucht** ca. 46 €. Kinder bis 11 Jahre zahlen die Hälfte. Auskünfte und Anmeldungen im **Geologischen Museum Páfos** (s. S. 86) oder bei **Ecologia Tours** (Tel. 26 93 43 32, www.cyprus-ebid.com).

Sehenswert

Museum der mykenischen Kolonisation: Auf der Halbinsel Palaíkastro-Maa, April–Okt. tgl. 8–18, Nov.–März 8.30–17 Uhr, Eintritt ca. 1,80 €.
Kopien von Ausgrabungsfunden und Mauerreste der mykenischen Siedlung auf der Halbinsel.

Sport & Strände

An den beiden Buchten werden zahlreiche Sonnenschirme und Liegestühle vermietet. Ruhig-romantisch ist es hier bestenfalls noch im Winter.

Coral Bay Water Sports: An der östlichen Bucht. Fallschirmsegeln ca. 38 €/10 Min., Wasserski ca. 23 €/10 Min., Oxoon ca. 28 €/30 Min. Besonderer Clou: In der Station werden Oxoons vermietet, runde Elektro-Boote mit Walflosse, auf denen 4 Pers. Platz finden.

Corallia Beach Resort: Tel. 26 62 21 21, Fax 26 62 21 20, www.corallia.com.cy, DZ Ü/F ab 52, Nov.–März ab 45 €.
Luxushotel mit 85 Studios und Apartments an der östlichen Bucht. Palmengarten, Süßwasserpool, Hallenbad und großes Wassersportangebot.

Stadtbus Linie 10 nach Páfos.

Dekéleia (K 6)

Als die Briten Zypern 1960 in die Unabhängigkeit entließen, reservierten sie sich per unkündbarem Vertrag zwei Areale als souveräne britische Militärstützpunkte: das von Akrotíri-Episkopí bei Limassol und das von Dekéleia zwischen Lárnaka und Agía Nápa. Sie haben hier noch immer Hoheitsrechte; bei Verkehrsunfällen kommt die britische Militärpolizei. Britische Soldaten leben mit ihren Familien in schmucken Häusern; für Zyprioten und Touristen sind nur die Durchgangsstraßen zugänglich. Auf dem Gebiet von Dekéleia stehen außerdem ein von der Republik Zypern betriebenes Kraftwerk und eine Meerwasserentsalzungsanlage.

Droúseia (A 7)

Das noch sehr ursprüngliche Bergdorf (auch Droúshia geschrieben) eignet sich für motorisierte Urlauber gut als alternativer Standort zwischen Pólis und Páfos. Seine Pluspunkte sind die grandiose Aussicht, ein gutes Hotel mit viel Flair und urige Tavernen.

Sehenswert

Drouseia Weaving Museum: Im Dorfzentrum an der Hauptstraße, tgl. 8.30–12 und 14–16 Uhr, Eintritt ca. 0,50 €.
Kleines Museum mit Webstuhl und vielen schönen Webarbeiten.

Sapho Manor House: Im Dorfzentrum an der Hauptstraße, Tel. 26 33 26 50, Fax 25 31 50 06, www.agrotourism.com.cy, DZ ca. 50, 4-Bett-Apartment ca. 65, Nov.–April 38–55 €.
2003 eröffnetes, stilvolles Hotel mit nur sieben Studios und Apartments in einem Dorfhaus aus dem Jahr 1912. Sehr ruhig, den Gästen steht eine Waschmaschine zur Verfügung, Pool im Innenhof. Besitzer Andréas Argyrópoulos, der lange in Südafrika lebte, spricht gut Englisch.
Droúshia Heights: Am unteren Dorfrand, gut ausgeschildert, Tel. 26 33 23 51, Fax 26 33 23 53, DZ Ü/F ab ca. 70, Nov.–März 50 €.
Die meisten der 46 Zimmer und die Poolterrasse bieten einen Panoramablick auf die Bucht von Pólis und das Tróodos-Gebirge; an der Hotelbar trifft sich die einheimische Jugend.

Fínikas: An der Dorfstraße ca. 150 m oberhalb des Hotels, Tel. 26 33 23 36, tgl. ab 12 Uhr, Mezé ca. 12, Lammleber 8, Flasche Wein 7–11 €.
Einfache Familientaverne eines gelernten Metzgers. Auf Vorbestellung serviert er auch seltene Spezialitäten wie

Was ihr wollt: die beiden Seiten einer Medaille

Lammkopf aus dem Ofen oder Lammhirn und Hammelhoden vom Grill.

Ziele in der Umgebung

Im Nachbardorf **Ineía (A7)** zeigt das kleine Basketry Museum (tgl. 11–13 und 16–19 Uhr, Eintritt frei), wie auf Zypern Körbe geflochten werden. Man kann sie hier auch kaufen.

Émpa (B 8)

Großes Dorf (auch Émba geschrieben), das man mit Stadtbussen von Páfos aus erreichen kann.

Sehenswert

Kirche Panagía Chriseleoússa: Am Dorfplatz. Im Kafenío mit Hausnummer 119 nach dem Schlüssel fragen. Im Innern der Kirche aus dem 12. Jh. sind die vielen Wandmalereien nur schlecht erhalten. Unmittelbar neben dem historischen Gotteshaus wurde 1995 eine bombastische, fünfschiffige Basilika fertiggestellt, die gerade neu im traditionellen Stil ausgemalt wird.

Einkaufen

Mosaic Workshops: Odós Geórgios Neárchos 17, Zufahrt von der Umgehungsstraße Páfos–Tála aus beschildert. Besichtigung und Verkauf nach Voranmeldung, Tel. 26 24 30 83. Geórgios und Andréas Tapokoúdes stellen kunstvolle Wand- und Bodenmosaike nach den antiken Vorbildern der Ausgrabungen von Páfos her. Ihre Werke schmücken auch viele Hotels in Páfos und Umgebung.

Fikárdou (F 7)

Das abseits aller Durchgangsstraßen gelegene Fikárdou steht seit 1978 unter Denkmalschutz. Keine hässlichen Neubauten oder gar rostenden Wellblechdächer verunstalten das alte Berg-

Im ländlichen Zypern, hier auf der Akámas-Halbinsel, haben die Esel viel zu tun

dorf mit seinen überwiegend aus dem 19. Jh. stammenden Häusern.

Sehenswert

Häuser von Katsinióros und Achilléas Dímitri: Im Dorf gut ausgeschildert, April–Okt. tgl. 9–17, Nov.–März 8–16 Uhr, Eintritt ca. 1,80 €.
Die beiden Häuser sind noch im Stil des ausgehenden 19. Jh. eingerichtet. Sehenswert ist auch eine historische Traubenpresse.

Yannákos: Am Dorfeingang nahe der Kirche, dort Parkmöglichkeit, tgl. ab 10 Uhr, Hauptgerichte ca. 6–9 €.
Gepflegtes Kaffeehaus im traditionellen Stil, dessen Wirt Yannákos auch ausgefallene zypriotische Spezialitäten serviert und destilliertes Rosenwasser verkauft.

Foiní (D 7)

Das stattliche, noch relativ selten besuchte Bergdorf (Finí gesprochen) war früher ein Töpferzentrum, solange die Menschen noch Keramik statt Plastik verwendeten. Hier wurden vor allem die riesigen Vorratsgefäße, Píthoi genannt, gearbeitet; die Dorfbewohner waren auch als Wandertöpfer tätig. Heute arbeiten nur noch gelegentlich zwei alte Töpfer für den Souvenirbedarf.

Sehenswert

Pilavákion Folk Museum: 15 m unterhalb der kleinen Platía (wenn geschlossen, im Kafenío an der kleinen Platía nach Herrn Theofánis Pilavákis fragen).
Hier wird deutlich, welche Bedeutung die Töpferei einst für das Dorf besaß. Der Museumsgründer, Herr Pilavákis, führt Besucher meist selbst auf Englisch

durch seine Sammlung, seine Frau spricht auch Deutsch und Russisch. Besonders stolz ist der Museumsgründer darauf, dass es auch intakte große Vorratsgefäße aus dem 13. Jh. besitzt.

Neraída: 200 m unterhalb der Platía, tgl. ab 12 Uhr, Mezé ca. 12, Flasche Wein ab 11 €.
Stärke dieser Taverne ist das Mezé, zumal für Familien und größere Gruppen. Von hier aus kann man mit dem Mietwagen besonders gut das gesamte Tróodos-Gebirge auf Tagestouren erkunden.

Galáta-Kakopetriá (E 6/7)

Am inneren Ende des grünen, baumreichen Soléa-Tals, das sich aus der Mesaória-Ebene bis an den Fuß des Olymps hinaufzieht, gehen die beiden Ortschaften Galáta und Kakopetriá nahtlos ineinander über. Beide Orte sind im Hochsommer abends und an Wochenenden ein beliebtes Ausflugsziel der hitzegeplagten Bewohner Nicosias. Der historische Ortskern von Kakopetriá wurde unter Denkmalschutz gestellt; seine aus Lehm über Feldsteinen erbauten Häuser stehen auf einem Felsrücken zwischen zwei ganzjährig Wasser führenden Bächen.

Sehenswert

Kirche Archángelos Michaíl: Am unteren Dorfrand von Galáta, Schlüssel im Kafenío am Dorfplatz erfragen.
Die unscheinbare Scheunendachkirche neben einem Feld mit Pistazienbäumen hat eine umlaufende Reihe von kleinformatigen, stilistisch recht rustikalen Wandmalereien aus der Zeit um 1520 bewahrt. Bei der Darstellung Jesu im Tempel trägt Joseph die weißen Tauben nicht wie sonst üblich auf den Händen, sondern – einzigartig auf Zypern – in einem Vogelbauer.

Kirche Panagía tis Podýthou: 80 m von der Archángelos-Kirche entfernt.
In der Scheunendachkirche aus der Zeit kurz nach 1500 ist eine Kreuzigungsszene erhalten, die deutliche Einflüsse der Renaissancemalerei aufweist.

Ágios Nikólaos tis Stégis: 5 km außerhalb, Zufahrt ausgeschildert, Di–Sa 9–16, So 9.30–16 Uhr, Eintritt frei.
Wie der Name (dtsch.: ›Hl. Nikolaus mit Dach‹) andeutet, handelt es sich um eine Scheunendachkirche, deren typisch zypriotische Überdachung einer im 11. Jh. entstandenen Kuppelkirche übergestülpt wurde. Die ehemalige Klosterkirche ist mit Wandmalereien aus dem 11.–17. Jh. ausgestattet.

Démos: Odós Agíou Nikoláou 26 (Straße vom historischen Ortskern zur Kirche Àgios Nikólaos tis Stégis, 1 Min. vom Ortskern), Tel. 22 92 23 43, DZ ab ca. 30 €.
Vier moderne Zimmer mit Kühlschrank und TV, zwei davon mit französischem Bett, über der gleichnamigen Taverne.

Mylos – The Mill: am Fluss, Tel. 22 92 25 36, Fax 22 81 39 70, www.cymillhotel.com, DZ ab 85 €.
13 Zimmer in einem fantastischen Bau, gleichnamige Taverne. Mountainbike-Verleih, kostenloser Internetzugang auch auf den Zimmern (mit eigenem Laptop). Betriebsferien 20.11.–20.12.

Pandochíon Línos: Kakopetriá, Tel. 22 92 31 61, Fax 22 92 31 81, www.linos-inn.com.cy, DZ Ü/F ab 80 €.
22 traditionell eingerichtete Zimmer in alten Dorfhäusern an der zentralen Gasse des historischen Ortskerns, Bäder z. T. mit Jacuzzi.

Démos: Taverne an der Straße vom Ortskern zur Kirche Ágios Nikólaos tis Stégis (1 Min. von alter Dorfgasse), tgl. ab 10 Uhr, Hauptgerichte ca. 6, Flasche Wein ab 6 €.
Sehr familiär geführte Taverne, gutes Preis-/Leistungsverhältnis.
Galíni-Serenity: An der Hauptgasse im denkmalgeschützten Teil von Kakopetriá, Glas Wein 2 €.
Kafenío im traditionellen Stil in einem vom Wirt selbst restaurierten Haus im oberen Teil des historischen Dorfkerns, Zimmervermietung.
Mesostráto: Hauptgasse im historischen Zentrum von Kakopetriá, Mi–Mo ab 12 Uhr, großes Mezé 15, Hauptgerichte ab 9 €.
Gepflegte Taverne in einem historischen Haus abseits des Autoverkehrs. Gutes Mezé, wahlweise mit 13 oder 21 Leckereien.
Mýlos – The Mill: In Kakopetriá am Bachufer, tgl. 12–15 und ab 18 Uhr, Hauptgerichte 9,50–22, Forelle 12,50, Flasche Wein 10–25 €.
Der an einen Fels geschmiegte, wie ein bedeutendes historisches Gebäude wirkende, vielgeschossige Bau ist ein modernes Fantasieprodukt seines Besitzers Jánnis Aristídou. Er betreibt darin ein gepflegtes, originelles Restaurant mit internationaler Küche. Von den Balkonen aus hat man einen herrlichen Ausblick auf Dorf und Olymp.
The Village Pub & Restaurant: An der Brücke, wo die Gasse in den historischen Ortskern beginnt (1 Min. von der Platía), Tel. 22 92 26 16, Di–So 12–15 und ab 18 Uhr, Vegetarische Hauptgerichte ca. 4,20–5,50, andere 8,50–18, Mezé 13 €.
Rustikal eingerichtete Taverne mit vielen vegetarischen Gerichten. Innen darf nicht geraucht werden. Besonders netter Service: Allen Gästen werden Krüge mit frischem Quellwasser kostenlos gereicht.

Busse: Nach Limassol Mo–Fr gegen 5 und 5.45 Uhr, Sa nur 5.45 Uhr. Nach Nicosia Mo–Fr 9–13 x tgl. zwischen 4.50 und 14.30 Uhr. Sa 7 x tgl. (alle Verbindungen durch Klários-Busse).

Geroskípou (B 8)

Der auch Yeroskípos geschriebene Ortsname bedeutet ›Heiliger Hain‹. In der Antike durchquerten die in Néa Páfos angekommenen Pilger auf ihrem Weg zum Aphrodite-Heiligtum von Palaiá Páfos hier einen der Göttin geweihten Garten, in dem an der Stelle der heutigen Dorfkirche ein Altar stand. Geroskípou, mit Páfos fast zusammengewachsen, ist auf Zypern wegen seiner hier in mehreren Konditoreien am Dorfplatz hergestellten Loukoúmia berühmt, mit Puderzucker bestäubte weiche Pralinen aus eingedickten Fruchtsäften. Entlang der Hauptstraße haben sich mehrere Töpfereien niedergelassen.

Sehenswert

Kirche Agía Paraskeví: Auf dem Dorfplatz an der Durchgangsstraße, tgl. 8–13 und 14–17 Uhr (Nov.–April bis 16 Uhr).
Die Kirche gehört mit ihren sechs Kuppeln zu den ältesten und schönsten der Insel. Wahrscheinlich wurde sie im 9. Jh. erbaut. Sie birgt gut erhaltene Wandmalereien aus dem 10., 12. und 15. Jh.
Volkskundliches Museum: An der Durchgangsstraße östlich vom Dorfplatz, Mo–Fr 9–14.30 Uhr, Eintritt ca. 1,80 €.
In der Villa eines britischen Konsuls aus dem 19. Jh. kann man sehen, wie in

dieser Region damals Naturseide gewonnen und verarbeitet wurde.

Am Strand mehrere Großhotels, die touristisch aber unter dem Ortsnamen Páfos vermarktet werden.

Stadtbusse: Verbindung mit Páfos.

Governor's Beach (G 9)

Der ›Strand des Gouverneurs‹ – sogenannt, weil hier ein britischer Gouverneur bevorzugt badete – ist einer der letzten noch weitgehend unverbauten guten Strände der Insel. Man hat die Wahl zwischen einem langen Sandstrand vor flachem Hinterland, einsameren kleineren Buchten vor Steilküsten und weißen, glatt geschliffenen Felsen.

Andreas & Melanie: Am Strand, ausgeschildert, Tel. 25 63 23 14, Fax 25 63 24 24, www.cyprusvillages.de, DZ Ü/F ab 70, Nov.–März ab 35 €.
15 moderne, klimatisierte Zimmer mit Balkon über der gleichnamigen, großen Taverne direkt am Strand. Im Sommer ist hier immer viel los, im Winter aber ist die Pension ein herrlicher Hort der Ruhe direkt am Meer.
Kálymnos Camping: Ganzjährig geöffnet, Tel./Fax 25 63 28 78
Großer, moderner Platz mit wenig Schatten, viele Wohnwagen.

Sofroniou Beach: Am Strand neben dem Hotel Andreas & Melanie, Hauptgerichte ca. 6–12 €.
Strandtaverne mit Liegewiese, auf der unter Bäumen Sonnenliegen stehen. Im Sommer große Auswahl auch an Schmorgerichten.
Kálymnos: Am Strand beim Camping, Hauptgerichte ca. 6–12 €.
Moderne Taverne auf dem Steilufer, mit originellem Kinderkarussell.
Thalassa: Im Hotel Andreas & Melanie, tgl. ab 8 Uhr, Hauptgerichte ca. 10–24 €.
Moderne Taverne, kreative zypriotische Küche, z. B. mit Ziegenkäse gefüllter, frischer Kalamar oder Zucchiniböllchen mit gerösteten Pinienkernen. Die Benutzung der Liegestühle zwischen Taverne und Meer ist für Restaurantgäste frei.

Busse: Mo–Sa um 9.50 und 15.50 Uhr fährt ein Bus vom Hotel Continental an der Uferpromenade von Limassol durch das Hotelviertel (viele Haltestopps) zum Governor's Beach; Rückfahrt ist 12 bzw. 16.30 Uhr.

Städte auf Schusters Rappen

Wer auf Zypern nicht nur auf der Suche nach bedeutenden Sehenswürdigkeiten ist, sondern die Inselstädte auch einmal aus der Perspektive eines Einheimischen kennen lernen will, kann in **Nicosia, Lárnaka, Agía Nápa** und **Germásogeia** kostenlos an etwa zweistündigen Stadtrundgängen teilnehmen. In Agía Nápa werden sie auch auf Deutsch, sonst in Englisch angeboten. Sie stehen unter verschiedenen Themen wie ›Nicosia außerhalb der Altstadtmauern‹ oder ›Germasógeia, ein mit Wasser gesegnetes Dorf‹. Alle Angebote sind samt Terminen in der Broschüre ›Walking Tours‹ enthalten, die in den Büros der Tourist Information ausliegen.

Kakopetriá

s. S. 53, Galáta-Kakopetriá

Kalopanagiótis (D 7)

Das Dorf im unteren Teil des grünen Maratása-Tals zieht sich den recht steilen Hang eines Bachtals hinunter bis zu einem schon von oben sehr gut zu erkennenden Kloster.

Sehenswert

Kloster Ágios Ioánnis Lampadistís: Unterhalb des Dorfes im Bachtal, gut ausgeschildert, Di–So 8–13 Uhr, Juni–Aug. auch Di–So 14–20 Uhr, März–Mai und Sept./Okt. auch Di–So 14–18 Uhr, Nov.–Feb. auch Di–So 14–16 Uhr, Eintritt frei.
Das kleine, heute nicht mehr bewohnte Kloster wirkt mit seinen niedrigen, ansprechend restaurierten Gebäuden und seinem winzigen Innenhof sehr idyllisch. Die Klosterkirche vereint unter einem gemeinsamen Scheunendach eigentlich drei Kirchen, die alle mit Wandmalereien ausgeschmückt sind: eine Kreuzkuppelkirche aus dem 11. Jh. und je eine Kirche mit Tonnengewölbe aus dem 15. und 18. Jh. Die Fresken aus dem 15. Jh., der Zeit des fränkischen Königreichs Zypern, unterscheiden sich durch ihren stark verwestlichten Stil deutlich von den übrigen.

Dem Kloster angeschlossen ist ein kleines, sehr schön gestaltetes **Ikonen-Museum** mit effektvoller Beleuchtung, dessen Wärter Besuchern gern auf Englisch Erklärungen gibt (Di–So 9.30–13 und 15–18 Uhr, Eintritt frei).

Schwefelquellen: 150 m bachaufwärts vom Kloster aus, Wegweiser zu den ›Sulphur Springs‹. Schwefelhaltiges Wasser, das früher für Trinkkuren genutzt wurde, fließt hier lauwarm aus mehreren Brunnen.

Einkaufen

Arkatena: Links der Hauptstraße am Ortsanfang aus Richtung Pedoulás, tagsüber geöffnet.
Vor dieser kleinen Manufaktur hängt das ganze Jahr über das unzerteilt fast wie lange Würste aussehende Dschoudschoúko zum Trocknen. Gleich neben der kleinen Terrasse wird es in einem einfachen Werkraum hergestellt. An einer Astgabel mit drei Enden sind zusammengeknotete Bindfäden befestigt, auf die Nüsse oder Mandeln aufgezogen wurden. Sie werden mehrere Tage lang immer wieder in einen großen Bottich getaucht, in dem Traubenmost und Mehl langsam vor sich hin köcheln.

In Geschäften und auf Märkten sieht man Dschoudschoúko meist nur in ca. 10 cm lange Stränge zerteilt, hier aber hängen sie äußerst fotogen am Straßenrand. Man kann sie kosten und natürlich auch jede gewünschte kleine oder große Menge kaufen (s. auch Tour 1, S. 108).

Feste & Unterhaltung

Kirchweihfest am 3./4. Oktober rund um das Kloster mit großem, traditionellem Jahrmarkt.

Olga's Katoi: Odós Erechteíou 8, links an der Straße zum Kloster, Tel. 22 35 02 83 und 22 95 24 32, außer im Hochsommer meist nur nach telefonischer Vorausbuchung, DZ ca. 60 €.
Zehn sehr unterschiedlich geschnittene, mit traditionellen Möbeln eingerichtete Studios in einem historischen Natursteinhaus hoch oberhalb des Klostertals, sehr ruhig.

Kíti (J 8)

Das Dorf in der Küstenebene trägt den Namen der antiken Stadt Kítion, die an der Stelle des heutigen Lárnaka lag.

Sehenswert

Kirche Panagía Angeloktistós: Mo–Sa 8–12 und 14–16 (Juni–Sept. 14–18) Uhr, Eintritt frei.

Die ›von den Engeln erbaute‹ Kirche ist ein Werk mehrerer Jahrhunderte. Man betritt sie durch einen rechteckigen Vorbau mit gotischen Kreuzrippengewölben aus dem 13. Jh. In der überkuppelten Hauptkirche aus dem 12. Jh. gilt das Apsismosaik aus dem 5./6. Jh. als frühbyzantinisches Meisterwerk.

Es stammt aus einer frühchristlichen Basilika, deren Apsis erhalten blieb und in den späteren Bau einbezogen wurde. Dargestellt ist die hier noch einfach als ›Heilige‹ statt als ›Gottesgebärerin‹ (Theotókos) titulierte Maria in prächtigem Gewand auf einem juwelenbesetzten Podest mit zwei wie Himmelsfürsten gekleideten Erzengeln.

Sport & Strände

Fáros Beach: 6 km südöstlich von Kíti.

600 m langer, breiter Sandstrand unterhalb einer ganz niedrigen Steilküste, Ufer flach abfallend.

Mazótos Beach: 10 km südwestlich links der Straße nach Mazótos.

400 m Sand und Kieselsteine, keine Liegestuhlvermietung, fast nur einheimische Badende, Taverne (›Akrogialli Beach‹, Lammkoteletts ca. 8, Portion Fisch ca. 11 €).

Fáros Water Sports: Am Fáros Beach, April–Okt., Fallschirmsegeln ca. 28 € und Wasserski 20 € pro Runde, Jet Bike ca. 30 €/15 Min., Tretboot 12 €/Std., Kanu 9 €/Std.

Mühsam: Kalkbelag und Schmutz werden abgekratzt und lockere Stücke wieder festgeklebt – das Mosaik der Marienkirche in Kíti erstrahlt in neuem Glanz

McDonald's & Co.

Wer wissen möchte, wo man Snacks bekommt, die man von zu Hause kennt, wird im Telefonbuch fündig. In jeder der großen zypriotischen Städte gibt es Filialen von McDonald's und seinem griechischen Pendant Goody's, von Kentucky Fried Chicken und Pizza Hut. Der Geschmack ist der gleiche wie überall auf der Welt – wer ihn mag, wird also auch hier nicht enttäuscht.

Camel Park: 10 km südwestlich von Kíti an der Straße nach Mazótos, tgl. 9 Uhr bis Dämmerung, Tel. 24 99 12 43, www.camel-park.com, Kamelritt ab 9 € (Kinder bis 12 J. ab 5 €), Eintritt für Nichtreiter ca. 2 €.
Kleine Freizeitanlage mit verschiedenen Tieren, darunter auch etwa 45 Dromedare, auf denen man reiten darf. Erwachsene können im Beduinenzelt eine Wasserpfeife rauchen, Kinder in einer Hüpfburg und auf einem kleinen Schiffsnachbau spielen. Auch ein kleiner Süßwasser-Pool und eine Taverne (Beefburger ca. 6 €) stehen zur Verfügung.

Kolóssi (E 9)

Das Dorf Kolóssi ist ein Zentrum des zypriotischen Erdbeer- und Weinanbaus. Vom frühen 14. Jh. bis 1570 war es der Hauptverwaltungssitz der zypriotischen Zweigniederlassung der Johanniterritter von Rhodos, die von hier aus 60 Dörfer mit Weingärten und Zuckerrohrplantagen verwalteten.

Sehenswert

Burg: Juni–Aug. tgl. 8–19.30, Nov.–März tgl. 8–17, sonst tgl. 8–18 Uhr, Eintritt ca. 1,80 €.
Wie so oft auf Zypern ist auch diese historische Stätte in einen liebevoll angelegten Garten eingebettet. Aus ihm erhebt sich der mächtige Bergfried der 1454 erneuerten Burg. Über seine Höhe von 23 m verteilen sich drei Geschosse; vom Dach aus überblickt man die Ebene bis hin nach Limassol. Eine Zypresse und eine stützungsbedürftige, vor über 100 Jahren aus Amerika eingeführte Maccherie sind die auffälligsten Bäume im Garten, in dessen Südostecke sich eine gotische Halle erhebt. In ihr wurde Rohrzucker raffiniert. Die Zuckerrohrmühle lag im Freien zu Füßen eines gut erhaltenen Aquädukts.

Am Kiosk vor dem Eingang zum Burggelände kann man abschließend noch den süßen Commandaria-Wein probieren, dessen Name sich von der Kommandantur des Johanniterordens hier in Kolóssi ableitet.

Koúklia (B 9)

An der Stelle des heutigen Dorfes auf einem Plateau über der Küstenebene stand in der Antike die Stadt Palaiá Páfos mit ihrem berühmten Aphrodite-Heiligtum. Fährt man heute von der Küstenstraße aus hinauf, sieht man zunächst die fränkisch-türkische Festung La Covocle, aus deren Namen sich der heutige Ortsname ableitet.

Sehenswert

Palaiá Páfos/Aphrodite-Heiligtum: Von der Küstenstraße aus gut ausgeschildert, Fr–Mi 9–16, Do 8–17 Uhr, Eintritt ca. 3,50 €.

Das Heiligtum war eins der bedeutendsten Pilgerziele der Antike. Zu den Bräuchen gehörte es, dass sich jede heiratsfähige Jungfrau aus Páfos vor ihrer Eheschließung hier einem ihr unbekannten Mann hingeben musste. Manche konnten sich dieser göttlichen Pflicht sehr schnell entledigen, andere warteten monatelang auf einen Freier.

Das Zentrum des Heiligtums markieren große, monolithische Steine. Hier stand, wahrscheinlich unter einem Baldachin, ein dunkler Stein als anikonisches Kultbild der Göttin. Es ist vermutlich der Stein, der heute im kleinen Museum gezeigt wird, das in der Burg La Covocle untergebracht ist. In römischer Zeit verschönerte man das Heiligtum mit einem Torbau und einem auf drei Seiten von Säulenhallen umgebenen Hof. Reste dieser Bauten sind am Nordrand des Geländes zu entdecken.

Highlight 3

Koúrion (D/E 9)

Koúrion ist neben den Mosaiken von Páfos die interessanteste Ausgrabungsstätte im Süden Zyperns. Für die Besichtigung sollte man insgesamt mindestens 4–5 Std. ansetzen. Die von den Römern Curium genannte Stadt war spätestens seit dem 12. Jh. v. Chr. Zentrum eines Stadtkönigreichs und behielt nicht zuletzt wegen seines Apollon-Heiligtums auch noch in der römischen Kaiserzeit ihre Bedeutung. Die Ruinen großer frühchristlicher Basiliken bezeugen, dass die Stadt noch bis zu den Arabereinfällen im Jahr 649 blühte.

Sehenswert

Ausgrabungsgelände: An der Küstenstraße ausgeschildert, Juni–Aug. tgl. 9–19.30, Nov.–März tgl. 9–17, sonst tgl. 9–18 Uhr, Eintritt ca. 1,80 €. Parkplatz im umzäunten Areal.

Vom restaurierten **Amphitheater** aus dem 2. Jh. v. Chr. hat man einen schönen Blick hinunter zur Küstenebene, den Koúrion Beach und die Halbinsel Akrotíri. Neben dem Theater liegt unter einem Schutzdach, was vom **Haus des Eustólios** übrig blieb: Fußbodenmosaike, die noch im Stil der heidnischen Antike gehalten sind, aber aus frühchristlicher Zeit stammen. Etwa 300 m nördlich des Theaters lag das Stadtzentrum mit dem **Forum,** in dem die Archäologen noch immer graben. Beherrschender Bau war hier ein Nymphäum, ein repräsentatives Brunnenhaus.

Am Rand des Steilhangs, von dem aus sich heute oft Drachensegler in die Lüfte schwingen, vermitteln die Grundmauern einer großen frühchristlichen **Basilika** aus der Zeit um 400 einen Eindruck von der Größe der damaligen Stadt. Nördlich war eine kleinere Basilika mit schönen Mosaikfußböden und einem in den Boden eingelassenen, kreuzförmigen Taufbecken angebaut.

Geht man von der Basilika am Forum entlang, stößt man noch auf einige **Fußbodenmosaike** aus römischer Zeit. Dargestellt sind miteinander kämpfende Gladiatoren und eine Szene aus der Ilias: Odysseus entdeckt auf der Insel Skýros den dort von seinen Eltern verborgenen Achilles, den die Griechen unbedingt brauchen, um den Trojanischen Krieg zu gewinnen.

Königsgrab: Gegenüber dem Restaurant Ágios Ermógenis, frei zugänglich. In den 1990er-Jahren freigelegtes, sehr großes Grab aus mykenischer Zeit unter einem modernen Schutzdach.

Apollon Hylates-Heiligtum: An der Küstenstraße westlich vom antiken

Stadion ausgeschildert, Juni–Aug. tgl. 8–19.30, Nov.–März tgl. 8–17, sonst tgl. 8–18 Uhr, Eintritt ca. 1,80 €.
Apollon wurde in Koúrion als Beschützer des Waldes und der Tiere, auch als Heilgott verehrt. Durch die Überreste einer Palästra, einer antiken Sportstätte für Ring- und Faustkämpfe, gelangt man zu den fünf Heilschlafhallen hinauf. Hier hofften die Pilger, dass Apollon ihnen im Traum Hinweise für ihre Heilung übermitteln würde. Von den Hallen führt eine Heilige Straße auf den teilweise rekonstruierten Apollon-Tempel aus dem 1. Jh. zu. Unter einem Schutzdach sind auch Reste römischer Thermen zu sehen.

Koúrion-Museum: 2 km östlich, im Dorfzentrum von Episkopí, Mo–Fr 9–14.30 Uhr, Eintritt ca. 1,80 €.
In dem mehr als 100 Jahre alten Dorfhaus werden Funde aus der antiken Stadt gezeigt – sehenswert für archäologisch besonders Interessierte.

Cyprus Wine Museum: Am westlichen Ortsrand von Erími an der Straße von Limassol nach Episkopí, tgl. 9–17 Uhr, feiertags geschl., Eintritt inkl. Weinprobe 5 €.
Modernes privates Museum, das mit wenigen, aber ansprechend arrangierten Objekten die Geschichte des Weinbaus auf Zypern illustrieren will. Interessanter ist der Probenraum mit einer vollständigen Sammlung aller zypriotischen Weine, die man hier teilweise verkosten und alle kaufen kann. Das

Apollon-Tempel von Koúrion

kurioseste Produkt ist wohl der hier auch offerierte zypriotische Glühwein. Inhaber Bámbos spricht Deutsch.

Sport & Strände

Koúrion Beach: Kilometerlanger Sandkiesstrand unterhalb der Ausgrabungen, mehrere Tavernen, aber keinerlei natürlicher Schatten.

Ágios Ermogénis: An der Straße von der Hauptküstenstraße zum Koúrion Beach, tgl. 10–24 Uhr, Hauptgerichte ca. 6,80–11,50, Moussaká ca. 7,70 €.
Moderne Taverne, neben einem winzigen Eukalyptuswäldchen. Schneller Service, große Portionen.

Episkopí Village Inn Tavern: An der Platía in Episkopí. Restaurantbetrieb nur Mo–Sa ab 17 Uhr, sonst Pub, Reservierung empfehlenswert, Tel. 25 23 27 51, Mezé-Preis nach Absprache 10–16 €.
Stammgäste sind auf Zypern lebende Briten und anglophile Zyprioten. Britische und zypriotische Küche, Mezé auf Vorbestellung.

Linienbusse zu den Ausgrabungen fahren mehrmals täglich von der Burg in Limassol ab. Hin Mo–Fr 10, 12.30 und 13.30, Sa 10, 11, 13 Uhr, zurück Mo–Sa 11.50 und 14.50 Uhr; hin und zurück ca. 4 €.

Kýkko-Kloster (D 7)

Das Kloster Panagía tou Kýkkou, das bedeutendste und reichste Zyperns, steht fernab aller Dörfer einsam im westlichen Tróodos-Gebirge. Nur noch 20 Mönche leben in dem riesigen Komplex, der in seinen modernen Nebengebäuden zugleich 600 Pilgerbetten in komfortablen Zimmern bietet. Neben seiner religiösen Bedeutung ist Kýkko ein nationaler Wallfahrtsort. Das Kloster hat den Freiheitskampf gegen die Briten unterstützt; hier war Erzbischof Makários III. Novize und Mönch, ganz in der Nähe liegt er begraben.

Sehenswert

Kloster: Juni–Okt. tgl. 10–18, sonst tgl. 10–16 Uhr.
Eintritt zum Museum ca. 2,50 €.
Das Kloster ist schon im 11. Jh. gegründet worden, doch entstanden die heutigen Gebäude alle erst nach einem großen Brand im Jahr 1813. Vom Wohl-

Reif für die Insel? Die Taverne Yiangos & Peter in Lakkí

stand der Mönche künden schon die neuen Mosaiken auf Goldgrund in den beiden Innenhöfen und die überlange Ikonostase in der vollständig ausgemalten Klosterkirche.

Historische Schätze birgt ein modernes, sehr prächtiges Museum. Religiöser Mittelpunkt ist eine im 11. Jh. auf wundersame Weise gefundene Marienikone an der Ikonostase: Der Legende nach malte sie der Evangelist Lukas auf einem Holzbrett, das ihm ein Engel gereicht hatte.

Makarios-Grab: Frei zugänglich am Hügel über dem Kloster. Eine Asphaltstraße führt vom Kloster hinauf. Den Platz hat sich der Kirchenfürst und Landesvater selbst ausgesucht. Soldaten formieren sich dort zur Ehrenwache, wenn sich Besucher nähern.

Throní: Auf dem Gipfel des Hügels, an dem das Makários-Grab liegt, steht eine kleine, offene Kapelle, in deren Mittelpunkt eine moderne Mosaik-Ikone genau der wundertätigen Marienikone des Klosters entspricht. Zu dieser Stelle wurde jahrhundertelang die Ikone der Gottesgebärerin von Kýkko in langen Prozessionen hinaufgetragen, um Regen für die Heimat der Pilger zu erflehen. In der Umgebung der Kapelle sind an den Zweigen zahlreicher Bäumchen und Sträucher Papiertaschentücher und -servietten festgeknotet: touristische Kopie des alten Brauchs, an wundertätigen Stellen Stofftücher festzuknoten, die dem Spender Glück bringen sollten.

Kýkkos Tourist Pavillion Restaurant: Am Rand des Großparkplatzes, tgl. 8–20 Uhr, Afélia Moussaká ca. 6,30, Afélia 7, Apfelkuchen 2,30 €.
Großtaverne, die dem Kloster gehört. Modern und ohne viel Atmosphäre, aber mit grandiosem Ausblick.

Lagouderá (E 7)

Das noch sehr ländlich gebliebene Dorf im nordöstlichen Tróodos lohnt wegen seiner Scheunendachkirche den Besuch.

Sehenswert

Kirche Panagía: Am südwestlichen Dorfrand, ausgeschildert; der Priester ist tagsüber meist anwesend, sonst im Kaffeehaus nach ihm fragen.
Die idyllisch gelegene Scheunendachkirche aus dem späten 12. Jh. besticht durch ihre Architektur und ihre auf 1192 datierten Fresken. Es handelt sich um eine Kirche mit Tonnengewölbe und Kuppel, der wahrscheinlich erst später das ziegelgedeckte Dach übergestülpt wurde. Es reicht so tief herunter, dass es auch einen Umgang auf allen vier Seiten mit überdeckt. Im Innern findet man in der Kuppel die schönste zypriotische Darstellung Christi als Pantokrator, also als Allesbeherrschender. Auch die anderen Fresken legen durch ihre ausgefeilte Technik nahe, dass der Maler seine Kunst in der Hauptstadt Konstantinopel gelernt haben muss.

Lakkí (A 6)

Noch vor 15 Jahren war Lakkí (das auch Latsí oder Latchí geschrieben wird) ein winziger Weiler mit einem gut geschützten Fischerhafen und nur wenigen Tavernen. Jetzt entwickelt es sich immer stärker zu einem stark besuchten Badeort. Lange Kiesstrände liegen zu beiden Seiten des Hafens.

Sport & Strände

Alle Wassersportarten, auch **Tauchen,** außerdem:
Glasbodenbootsfahrt: In der Saison tgl. von 10.30–13.30 Uhr, 18 €.
Fahrt entlang der Halbinsel Akámas, Fische bekommt man dabei allerdings kaum zu Gesicht.
Aquaplanet: Am westlichen Hafenrand, Büro in Pólis, Odós Agíou Nikólaou 31, Tel. 26 81 50 36, Fax 26 81 50 37, www.cyprusscubadiving.com.
Tauschule und gut ausgerüstete Wassersportstation mit großem Angebot. PADI-Anfängertauchkurs ca. 250 € inkl. Prüfungsgebühr, geführter Nachttauchgang ca. 55 €, Windsurfen 24 €/ Std., Wakeboarding 26 €/15 Min., Wasserski 23 €/15 Min., Jet Bike 38 €/ 20 Min.

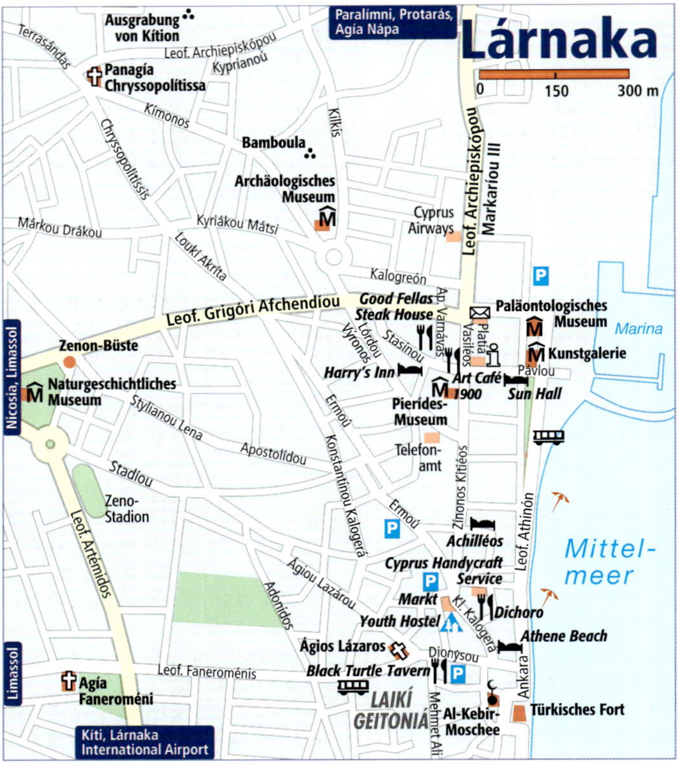

Soúli: 400 m westl. vom Hafen an der Straße zum Bad der Aphrodite, Tel. 26 32 10 88, Fax 26 32 24 74, www.soulihotel.com, DZ Ü/F ca. 60–80 €.
Von Wirt Fríxos und seiner Tochter Elizabeth, die exzellent Englisch sprechen, familiär geführtes Hotel mit Pool unmittelbar am Strand. 44 Zimmer, WLAN.

Aphrodite Beach: Außerhalb Richtung Loutrá tis Afrodítis, Tel. 26 32 10 01, Fax 26 32 20 15, www.aphrodite-beachhotel.com, DZ Ü/F 60–70, Nov.–März ca. 50 €.
Strandhotel in unverbauter Natur, schöner Garten, familiär geführt. 40 Zimmer, WLAN in der Lobby.

Elía Latsí Holiday Village: Südlich der Küstenstraße am östl. Ortsrand, Tel. 26 32 23 10, Fax 26 32 20 24, www.eliavillage.com, DZ Ü/F ca. 105–129, Nov.–März ca. 70 €.
Weitläufiges Feriendorf an einem Hang mit viel Grün, zwei Pools und kleinem Hallenbad. 200 m vom Strand entfernt. 98 Apartments für bis zu vier Personen.

Anassa: An der Straße zum Bad der Aphrodite, Tel. 26 88 80 00, Fax 26 88 82 04, www.thanoshotels.com, DZ Ü/F ganzjährig ab ca. 430 €.
Das luxuriöseste und teuerste Hotel der Insel mit 2 Pools und Hallenbad, Thalasso-Therapie und Wassersportzen-

trum, 176 Zimmern und Suiten, Suiten z. T. mit Privatpool.

Ttákas Bay: An der Straße zum Bad der Aphrodite,
Tel. 26 32 10 87,
Kléftiko 9,50, Mezé 12–14, Flasche Wein 9–12 €.
Urige Strandtaverne, sonntags oft sehr gutes Kléftiko (dann tel. Reservierung empfehlenswert). Im Winter sitzt man innen am Kamin.

Yiangos & Peter: Am Hafen,
Fisch-Mezé ca. 13, Kléftiko 13,
Flasche Wein 11–27 €.
Traditionsreichste Taverne im Ort, große Auswahl, sehr freundlicher Service.

Ziele in der Umgebung

Loutrá tis Afrodítis (A 6): 5 km westlich. In dem von dichtem Grün verborgenen, vor einer niedrigen Felswand gelegenen winzigen Quellteich hat der Legende nach einst die Liebesgöttin Aphrodite gebadet, bevor sie ihren Liebhaber Akámas traf. Heute badet man besser am Kieselstrand unterhalb der nahen Taverne überm Meer (tgl. ab 9 Uhr).

Polis: s. S. 97.

Lárnaka (J 7)

Die Hafenstadt, die seit 1970 von 21 000 auf 72 000 Einwohner angewachsen ist, versucht, Urlauberzentrum und Industriestadt zugleich zu sein. Am östlichen Stadtrand stehen die großen Tanks der Mineralölunternehmen, am nördlichen ist eine große Freihandelszone entstanden. Andererseits wird schon die herrliche Palmenpromenade am Rand der Altstadt von einem breiten Sandstrand gesäumt, schließen sich kilometerlange Strände auf beiden Seiten ans Stadtzentrum an.

In der Antike stand die phönikische Stadt Kítion an dieser Stelle, im 19. Jh. war Lárnaka Zyperns bedeutendster Hafen und mit fast 8000 Einwohnern fast so groß wie Nicosia. Von dieser Zeit zeugt das sehr schön restaurierte Altstadtviertel Laikí Geitoniá (Aussprache: La-ikí Yitoniá) nördlich vom Fort.

Sehenswert

Paläontologisches Museum:
Platía Evrópis, Di–Fr 9–14, Sa, So 9–12 Uhr (Juni–Aug. So geschl.),
Eintritt frei.
Große Fossiliensammlung.

Städtische Kunstgalerie:
Platía Evrópis, Di–Fr 10–13 und 16–18 Uhr (Mai–Sept. 17–19),
Sa, So auch 10–13 Uhr, Eintritt frei.
Wechselnde Ausstellungen von Werken zypriotischer Künstler aus dem Besitz der Stadt in zwei alten Zoll-Lagerhäusern von 1881.

Pierídes-Museum: Odós Zinónos Kitiéos 4, Mo–Do 9–16,
Fr–Sa 9–13 Uhr, Eintritt ca. 1,80 €.
In einer Villa aus dem 19. Jh. gibt die private Pierídes-Sammlung mit 2000 Objekten einen Überblick über die zypriotische Kunstgeschichte seit der Jungsteinzeit. Große Sammlung historischer Landkarten, im Garten moderne zypriotische Bildhauerkunst.

Türkisches Fort: Odós Ankara,
Juni–Aug. tgl. 9–19.30, Nov.–März tgl. 9–17, sonst tgl. 9–18 Uhr,
Eintritt ca. 1,80 €.
Im Innenhof der um 1625 entstandenen türkischen Festung unmittelbar am Wasser sind steinerne Schiffsanker und viele Kanonen zu sehen; in einem Ausstellungsraum werden einige wenige Funde und Fotos von Ausgrabungen in der Umgebung der Stadt gezeigt.

Al-Kebir-Moschee: Odós Ankara (am Fort), unregelmäßig geöffnet.

Sommernächte für Zyprioten

Der Nightspot an lauen Sommerabenden für die Bewohner Lárnakas ist der **Mackenzie Beach** westlich des Stadtzentrums von Lárnaka. Hier gibt es nicht nur mehrere gute (und teure) Fischrestaurants direkt am Strand wie das **Koralli Beach Restaurant** und das **Zákos**, sondern auch eine Reihe von Lokalen, die zumindest an den Wochenenden abends griechische Livemusik bieten. Wo gerade etwas los ist, checken Sie am besten vor Ort.

Die frühere Hauptmoschee der türkischen Zyprioten dient heute den hier lebenden Arabern als Gotteshaus.

Kirche Ágios Lázaros: Odós Dionýsou, Kirche tgl. 8–12.30, 14–18.30 Uhr (Sept.–März 14–17.30 Uhr). Museum Juni–Aug. Mo–Sa 8.30–13 Uhr, Mo, Di, Do, Fr auch 16–18.30 Uhr; Sept.–Mai Mo–Sa 8.30–13 und 15–17.30 Uhr, Eintritt ca. 1 €.
Lazarus, der durch Jesus von den Toten Erweckte, wurde erster Bischof von Kítion, der antiken Vorläuferstadt Lárnakas. Im 9. Jh. entdeckte man hier einen Sarkophag mit der Inschrift ›Lazarus, der Freund Christi‹. Im 10. Jh. entstand die Kirche, in deren Krypta noch heute der Sarkophag gezeigt wird. Bemerkenswert die reich beschnitzte Ikonostase. Angeschlossen ist ein Museum.

Agía Faneroméni: Leof. Faneroménis, tagsüber frei zugänglich.
Unter der modernen Kirche wird in einer alten Höhlenkirche eine Marienikone verehrt, die Kranken und Liebenden beisteht.

Naturgeschichtliches Museum: Im Stadtpark, Leofóros Grigóri Afchendíou, Juni–Sept. Di–So 10–13, 16–18 Uhr, sonst Di–So 10–13, 15–17 Uhr, Eintritt 0,40 €.
Sammlung von Gesteinsproben und Tierpräparaten nicht nur aus Zypern.

Archäologisches Museum: Odós Kalogréon, Di, Mi, Fr 8–15, Do 8–17, Sa 9–15 Uhr, Eintritt ca. 1,80 €.
Am eindrucksvollsten ist die Vielzahl antiker Sarkophage.

Ausgrabung von Kítion: Eingang: Odós Leondíou Machéra, Mo–Fr 8–14.30 Uhr, Eintritt ca. 1,80 €.
Die freigelegten Grundmauern sind für den Laien sehr verwirrend. Sie gehören zu einem phönikischen Astarte-Tempel, der von Kupferschmelzöfen und Werkstätten umgeben war.

Sport & Strände

Stadtstrand vor der Palmenpromenade: Grobsand und Feinkies, voller Liegestühle und Sonnenschirme. Strände östlich von Lárnaka: Grobsand und Feinkies, wenig attraktives Hinterland. Am besten ist noch der **C.T.O.-Beach** (Larnaca Tourist Beach) östlich des Hotels Golden Bay (Endhalt der Stadtbuslinie).

Go-Kart: *Karting Center Dromolaxia,* im Nordosten des Dorfes Dromoláchia, www.kartingcenter.com.cy, tgl. 9–24 Uhr.
Große Anlage mit 1600 m langer Bahn, Go-Karts mit verschiedener PS-Stärke, auch 220 m lange Extra-Bahn für zwei- bis achtjährige Kinder.

Finikoúdes Water Sports: Am Hauptstrand nahe dem Fort, Tel. 99 79 00 41, Jetski ca. 32 €/15 Min., 50-PS-Speedboot ca. 55 €/30 Min.

Einkaufen

Cyprus Handicraft Service: Odós Kosmá Lysióti 6.

Kleiner staatlicher Kunsthandwerksladen, dessen Waren garantiert alle aus Zypern stammen.

Ausgehen

Black Turtle Tavern: Odós Mehmet Ali/Ecke Odos Ag. Lazárou, tgl. ab 20 Uhr, Tel. 24 65 06 61, Mezé ca. 12, Fisch-Mezé 14, vegetarisches Mezé 14, Flasche Wein ab 10 €.
Taverne im ersten Stock eines alten Wohnhauses an der Lázaros-Kirche; mittwochs, freitags und samstags ab 21.30 Uhr griechische Livemusik. Reservierung empfehlenswert.

Musical Ways: Odos Ag. Lazárou (an der Lázaros-Kirche), Fr und Sa ab 20 Uhr, Tel. 99 54 39 01, Mezé ca. 18, Flasche Wein 15–25 €.
Griechische Livemusik, die Gäste können sich zu griechischen Tänzen animieren lassen.

Savino Cocktail Bar: Odós Watkins 11, Laikí Geitoniá.
Bar mit langem Tresen im restaurierten Altstadtviertel. Wirt Ángelos legt bevorzugt Blues, Jazz und ältere Rockmusik auf.

Moti Mahal: Leof. Athinón 100, tgl. ab 18 Uhr.
Die orientalische Lounge an der Strandpromenade. Tee, Kaffee und Wasserpfeife genießt man hier ebenso wie Drinks und orientalische Snacks wahlweise im Sitzen oder Liegen.

C.T.O.: Platía Vasiléos. Pávlou, Tel. 24 65 43 22; im Flughafen (24 Std. täglich) Tel. 24 64 35 76.

Youth Hostel: Odós Nikoláou Róssou 27 (an der Lázaros-Kirche), Tel. 24 62 11 88.
Stimmungsvolle Jugendherberge in einer ehemaligen türkischen Koranschule.

Athene Beach: Leofóros Athinón 80, Tel. 24 65 62 72, Fax 24 66 51 68, DZ ca. 26–35, Nov.–März 21–28 €.
24 Hotel-Apartments für zwei bis vier Personen, nur 40 m vom Stadtstrand und 100 m von der Lázaros-Kirche entfernt, geräumig und mit eigener Küchenzeile.

Harry's Inn: Odós Thermopýles 2, Tel. 24 65 44 53, DZ Ü/F ca. 28, , Nov.–März ca. 24 €.
Als ›Traditional House‹ eingestufte Pension mit neun Zimmern, nur eines mit eigenem Bad.

Achilléos: Odós Mítsi, Tel. 24 62 41 50, Fax 24 62 43 76, www.achilleios hotel.com, DZ ca. 35, Nov.–März 25 €.
Zentral und relativ ruhig gelegene Hotel-Apartments in einem Altstadtneubau, Dachgarten, Sauna, 20 Zimmer.

Sun Hall: Leof. Athinón 6, Tel. 24 65 33 41, Fax 24 65 27 17, www.aquasolhotels.com.cy, DZ Ü/F ca. 120–135, Nov.–März ab 100 €.
Bestes Stadthotel direkt an der Uferpromenade. 112 Zimmer.

Art Café 1900: Odós Stasínou 6 (nahe Pierídes-Museum), tgl. 18–24 Uhr, gebackenes Lamm ca. 10 €.
Stilvolles Café-Restaurant in einem Altstadthaus voller historischer Fotos und Plakate mit sehr guter Weinbar im Erdgeschoss. Serviert werden hausgemachte Kuchen, 30 Teesorten, gute Weine, viele Whiskys und kleine Köstlichkeiten. Die Inhaber Marios und María Pirgoú, auch Betreiber einer Kunstgalerie, sprechen Englisch.

Good Fellas Steak House: Odós Stasinoú 53, Tel. 99 45 54 33, Di–So ab 19, So auch 13–17.30 Uhr, Sunday Lunch ca. 12, Steaks ab 15,50 €.

Die schöne Moschee Hala Sultan Tekke in idyllischer Lage

Exzellente Steaks, ansonsten ist alles sehr britisch: Zum Schweinekotelett gibt es Britanniens berüchtigten Black Pudding aus Blut und Innereien, sonntags traditionellen Lunch mit diversen Braten.

Stadtbusse: Die Linie 19 der P.E.A.L. fährt bis zu 14 x tgl. von der Lázaros-Kirche über Meneoú und Kíti nach Tersefánou. Busse nach Perivólia und Fáros 4 x tgl. ebenfalls ab Platía Lázarou.
Fernbusse: Nach Agía Nápa ab Uferpromenade Mo–Sa 10 x tgl., Juni–Aug. auch So 4 x tgl. Nach Léfkara Mo–Sa 13 Uhr (Dorfbus ab Platía Lázarou). Nach Limassol Mo–Sa mindestens 7 x tgl. ab Uferpromenade schräg gegenüber vom Hotel Sun Hall. Nach Nicosia ab Hotel Sun Hall Mo–Fr 7 x tgl., Sa 4 x tgl. Nach Paralímni-Protarás ab Uferpromenade Mo–Sa bis zu 8 x tgl.

Ziele in der Umgebung

Cape Kíti (J 8): 15 km südwestlich. Beim Ausflug zur Kirche **Panagía Angeloktistós** (s. S. 57) lohnt ein Abstecher zum Kap Kíti mit einem Wachturm der Venezianer, einem britischen Leuchtturm und sehr schönen Kieselstränden. Auch die Dörfer **Perivólia** und **Meneoú** sind vom Strandtourismus geprägt.

Highlight 4

Hala Sultan Tekke: Am Salzsee, 5 km westlich der Stadt, Juni–Aug. tgl. 8–19.30, Nov.–März tgl. 8–17, sonst tgl. 8–18 Uhr, Eintritt frei (Schuhe ausziehen!).
Die schönste Moschee Zyperns liegt in einem kleinen Palmenhain am Westufer des Salzsees von Lárnaka. Zugleich ist sie das bedeutendste islamische Heilig-

tum auf der Insel, denn 649 stürzte hier eine enge Verwandte des Propheten Mohammed während der arabischen Invasion Zyperns vom Pferd und starb. Daraufhin schwebten drei große Steinplatten aus Jerusalem heran und bildeten ein Grab für sie.

1816 schuf man die Moschee mit ihrem kleinen Garten und einfachen Pilgerherbergen. Den mit einfachen Teppichen ausgelegten Betsaal der Moschee darf man betreten. Von ihm führt ein kurzer Gang in den dunklen Grabsaal, wo man das schmucklose Grab mit einer Taschenlampe ausleuchten kann.

Mazótos Beach: s. S. 57.
Pýla: s. S. 103.

Léfkara (G 7/8)

Léfkara besteht aus zwei Ortsteilen, Káto und Páno Léfkara, die auf 500 bzw. 600 m Höhe gelegen sind. Páno Léfkara ist schon seit venezianischer Zeit das zypriotische Zentrum für Silberfiligranarbeiten und Hohlsaumstickereien. Früher reisten die Männer des Dorfes durch ganz Europa, um die Waren zu verkaufen; heute kommen die Käufer massenweise selbst hierher. Da viele ein Schnäppchen machen wollen, wird ihnen zu Billigpreisen Fernostware vorgesetzt, während die echten Lefkarítika weiterhin teuer und kostbar bleiben.

Sehenswert

Fatsá Wax Museum: Gut ausgeschildert, Mai–Okt. tgl. 9–19, Nov.–April tgl. 9–17.30 Uhr, Eintritt ca. 6 €.
Wachsfigurenkabinett à la Madame Tussaud mit 150 lebensgroßen Puppen. Dargestellt werden Stationen der alten sowie der neuen Geschichte Zyperns sowie das traditionelle Alltagsleben im 19. und 20. Jh. Nachgestellt sind u. a. Widerstandskämpfer kurz vor ihrer Hinrichtung und der Coup 1974, bei dem Erzbischof Makários gestürzt wurde, auch UN-Blauhelmsoldaten an einem Checkpoint kann man hier betrachten.

Stickerei- und Juweliermuseum: Patsálos Residence, Páno Léfkara, Mo–Do 9.30–16, Fr, Sa 10–16 Uhr, Eintritt ca. 1,80 €.

Lefkaráma: Páno Léfkara, an der Hauptgasse, Tel. und Fax 24 34 20 00, www.lefkarama.com, DZ ab ca. 45 €.
Familiäre Pension nahe der Kirche, 10 Zimmer, eigenes Restaurant.

Agorá: Páno Léfkara, an der Hauptgasse, Tel. 24 34 29 01, Fax 24 34 29 05, hotelagora@hotmail.com.cy, DZ Ü/F ab ca. 70, Nov.–März ab 50 €.
Modernes Hotel mit 19 Zimmern, schöner Innenhof, Pool, Restaurant.

Adamos Café Bar: Vor dem Hotel Lefkaráma stehend, 20 m nach rechts oben gehen, Mezé für einen Gast ca. 9, für zwei Gäste 12 €.
Kleines, gemütliches Lokal, herzliche Atmosphäre, recht ursprünglich.

Ziele in der Umgebung

Kloster Ágios Minás (G 8): 5 km südwestlich, tagsüber frei zugänglich, aber Sa und So keine Gruppenbesuche. Im Sommer 12–15, Winter 12–14 Uhr geschl.
Das große Nonnenkloster begeistert durch seinen blütenreichen Innenhof und viele neue Ikonen in der 1740 erbauten Kirche. Sie sind das Werk einer Nonne, der man vormittags häufig beim Ikonenmalen zuschauen kann.

Lémpa (A 8)

Lémpa (auch Lémba geschrieben) gilt als das Künstlerdorf im Bezirk Páfos. Man kann es von den Hotels an der Küste westlich von Páfos auch gut auf einem Spaziergang erreichen.

Sehenswert

Bronzezeitliche Siedlung Lémpa Experimental Village: Links der schmalen Asphaltstraße, die von der Küstenstraße nach Lémpa hinaufführt, tagsüber frei zugänglich.
Schottische Archäologen haben die Spuren einer bronzezeitlichen Siedlung freigelegt und fünf zum Teil farbig bemalte Hütten rekonstruiert, in die man sogar hineingehen kann. Hier erlebt man anschaulich, wie Menschen vor 4500–5500 Jahren lebten.
Cyprus College of Art: Am oberen Ende der Dorfstraße. Im Garten dieser Bildhauerschule stehen zahlreiche skurrile Skulpturen des zypriotischen Künstlers Stass Paráskos, der hier auch Kurse für ein internationales Publikum gibt. Gelegentlich werden im Schulgebäude Werke der Kursteilnehmer ausgestellt.

Einkaufen

Lémpa Pottery: An der Straße zur Küste nahe dem Dorfplatz. Mo–Fr 8–13, 14.30–18, Sa 9–13 Uhr.
Töpferei, in der Geórgios und Soteroúlla Georgiádes überwiegend moderne Keramik herstellen.

Limassol (Lemesós) (E/F 9)

Während Nicosia eher eine relativ ruhige Beamtenstadt ist, brodelt in Limassol, Zyperns bedeutendster Hafenstadt, südländisches Leben. Als Urlauber mag man das Häusermeer mit seinen fantasielosen Betonbauten abschreckend finden, für die Zyprioten aber ist es Beweis der wirtschaftlichen Leistungskraft der Insel. Für Ruhesuchende ist die Stadt – mit 162 000 Einwohnern die zweitgrößte Zyperns – ungeeignet. Dafür bietet sie Highlife und liegt äußerst zentral. Fast jeden Ort im Süden erreicht man mit dem Auto in weniger als 2 Stunden. In den Vororten östlich des Zentrums – Germasógeia (Yermasóyia) und Amathoús – wird es ruhiger, dort stehen viele Luxusherbergen zwischen künstlich aufgeschüttetem Strand und der vierspurigen Hauptverkehrsstraße. Am schönsten ist Limassol in der Altstadt rund um die Markthallen. Leben herrscht dort aber nur montags bis samstags an den Vormittagen.

Sehenswert

Burg und Mittelalterliches Museum: Am alten Hafen, Mo–Sa 9–17, So 10–13 Uhr, Eintritt ca. 3,50 €.
Die aus dem 13. Jh. stammende und von den Türken später veränderte Burg besitzt schöne gotische Gewölbe. Die sehr sehenswerte Ausstellung des Cyprus Medieval Museum präsentiert u. a. mittelalterliche Keramik und Münzen sowie byzantinische Silberteller aus dem 7. Jh.
Carob Mill: unmittelbar im Süden und Westen der Burg, Eintritt frei.
In den Fabrik- und Lagerhallen einer Johannisbrotmühle wurden schicke Bars, Restaurants und Cafés angesiedelt. In der zentralen Halle stehen auch die alten Maschinen, ausführliche Texttafeln erklären Bedeutung und Verarbeitung des Johannisbrotkernmehls.
KEO-Weinkellerei und -Brauerei: Leofóros F. Roúsvelt 1, Führungen mit Weinprobe Mo–Fr 10 Uhr.
Kurios: Neben Weinflaschen stehen hier bei der Weinprobe auch Bierflaschen

auf den Tischen – schließlich produziert man beides!

Volkskunst-Museum: Odós Agíou Andréou 253, Mo–Fr 8.30–13.30 Uhr, Mo–Mi und Fr auch 15–17.30 Uhr (Juni–Sept. 16–18.30 Uhr), Eintritt ca. 0,50 €.
Das Folk Art Museum zeigt in sechs Räumen Trachten, Schmuck und Kunsthandwerk.

Archäologisches Museum:
Odós Kániingos, Di, Mi, Fr 8–15, Do 8–17, Sa 9–15 Uhr, Eintritt ca. 1,80 €.
Das kleine Museum birgt unter anderem einige Hathor-Kapitelle aus dem 5. Jh. v. Chr., die ägyptischen Einfluss verraten, und Terrakotten mit Alltagsszenen wie Menschen in der Badewanne.

Sport & Strände

Hotelstrände: Die zumeist künstlich aufgeschütteten Sandstrände vor den Badehotels sind schmal, aber gepflegt und bieten viel Wassersport. Man sonnt sich meist auf Liegewiesen zwischen Hotel und Meer.

Lady's Mile Beach: Kilometerlanger Sandstrand auf der Halbinsel Akrotíri, 5 km südwestlich des Stadtzentrums, der allerdings nicht per Linienbus zu erreichen ist.

Zypern für Gays

Zypern ist zwar nicht gerade ein Dorado für Gays und Lesben, aber trotzdem gibt es auch für sie auf der Insel ein paar Meeting Points, die in sind. Limassol ist das Zentrum der Gay-Bewegung. Man(n) trifft sich in Bars und Music Clubs wie dem **Aloum** (Odós Loutrón 1), dem **Iródion** (St. Andrew's Street 238) oder **Pieros Bar** (Odós Kitíou Kiprianoú 63A) und geht zum Baden an den **Pissoúri Beach** oder den **White Rocks Beach** gleich neben dem Governor's Beach. Anders als auf Mykonos gibt man sich aber hier relativ zurückhaltend und dezent.

Tauchen: *Buddy Divers,* im Hotel Le Meridien, Tel. 25 32 83 85 und 99 60 42 04, www.buddydivers.com.

Einkaufen

Cyprus Handicraft Service: Odós Themidoú 25. Staatliches Kunsthandwerksgeschäft in der Altstadt. Kleine Auswahl, doch ehrliche Preise.

Markthalle: Odós Kanári,
Mo, Di, Do, Fr 5.30–14.30 Uhr,
Mi 5.30–13.15 Uhr,
Sa 5.30–13.45 Uhr.
Die größte und interessanteste Markthalle Zyperns wurde 2001 außen vollständig renoviert und innen völlig neu gestaltet. Sie ist nicht mehr urig, aber immer noch bunt. Treffpunkt auch von Einheimischen ist ihr südlicher Vorplatz mit einfachen Grillrestaurants.

Tásos Sawídes: Odós Enoséos 5, Mo–Fr 8–12.30, 15–18 Uhr.
Ikonenmaler schräg gegenüber der Kirche Katholikí. Wenige Ikonen vorrätig; meist malt er auf Bestellung.

Sabrina: Odós Agíou Andréou 202.
Die Maßanfertigung von Schuhen bieten mehrere Schuhgeschäfte in der Altstadt von Limassol an. Hier sind moderne, schicke Schuhe Trumpf.

Shoes by Linda: Odós Jámi 14 (nahe der Burg).
Diese Schuhmacherei bietet als Spezialitäten nach Maß Reitstiefel, Golf- und orthopädische Schuhe.

Ausgehen

Edó Lemesos: Odós Irínis 111, tgl. ab 19.30 Uhr, Tel. 25 35 33 78 und 25 36 79 81.
In dieser Musiktaverne am Rande des alten Türkenviertels sitzt man in den Zimmern einer alten Villa und genießt ein üppiges Mezé. Musiker ziehen von Tisch zu Tisch und spielen griechische und zypriotische Lieder. Reservieren!

Feste & Unterhaltung

Weinfestival: In der ersten Septemberhälfte jeden Abend im Stadtpark. Die Eintrittskarte berechtigt zu unbegrenztem Weinkonsum bei Folklore-Shows und Musikveranstaltungen.

Musical Sundays: April bis Anfang Juli, Sonntagskonzerte unterschiedlichster Art im Onisílos Seaside Theater an der Uferpromenade, Eintritt frei. Programm und Anfangszeiten bei der Tourist Information erfragen!

C.T.O.: Leofóros Spýrou Araoúzou 115 A (Uferpromenade), Tel. 25 36 27 56.

In Germasógeia: Leofóros Georgíou A' 22 (am Westeingang des C.T.O.-Strands Dasoúdi Beach), Tel. 25 32 32 11.

Ikaros Guesthouse: Odós Eleftherías 61, Tel. 25 35 43 48, DZ ab ca. 23 €.

Einfache Pension für Liebhaber skurrilen Ambientes. 10 Zimmer mit Etagendusche.

Continental: Leof. Spýrou Araoúzou Ave. 115, Tel. 25 36 25 39, Fax 25 37 30 30, DZ ab ca. 55, Nov.–März ab ca. 38 €.
Traditionsreiches Hotel mit nur 23 Zimmern direkt an der Uferpromenade, Parkmöglichkeit auf der anderen Straßenseite. WLAN im Restaurant. Ideale Lage für eine Zwischenübernachtung!

Curium Palace: Odós Výronos 11, Tel. 25 89 11 00, Fax 25 89 13 50, www.curiumpalace.com. DZ ab 112 €.
Einziges Firstclass-Hotel direkt in Limassol, 63 Zimmer, am Rand der Altstadt nahe dem Archäologischen Museum gelegen. Klassisch-gediegenes Ambiente, Pool im Garten, Hallenbad, Wellness-Bereich.

Amathus Beach: In Amathoús an der Uferstraße, 9 km östlich von Limassol, Tel. 25 83 20 00, Fax 25 32 74 94, www.amathus-hotels.com, DZ Ü/F ab 320, Nov.–März ab 208 €.
Luxushotel mit 244 Zimmern, Pool, Hallenbad, Tennisplätzen und großem Wellness-Angebot.

Kavourína: Leofóros F. Roúsvelt (beim Supermarkt Orphanídes), Mo geschl., Di–So 19–23 Uhr, So auch 13–16 Uhr. Frischer Fisch und Languste ca. 50 €/kg, Flasche Wein 11–20 €.
Moderne Fischtaverne, in der fast nur Einheimische verkehren. Hier isst man auch Langusten, Mittelmeer-Hummer. und gute Fischsuppen.

Karatello: Odós Vassilíssis, Carob Mill, an der Burg, Tel. 25 82 04 64, tgl. ab 19 Uhr, Hauptgerichte ca. 8,50–16 €.
Stimmungsvolles Restaurant mit langen, dunklen Holztischen in der alten Johannisbrotmehlfabrik. Auf den Tisch kommt eine kreative Küche, z. B. in Joghurt mariniertes Kaninchen, über Holzkohle gegrillt und mit Zitronensauce serviert (14,50 €).

Ladas Old Harbour: Am alten Hafen nahe der Burg, Mo–Sa 12–24 Uhr, frischer Fisch 40–55 €/kg.
Ältestes Fischrestaurant der Stadt in einem restaurierten Johannisbrotlager aus dem Jahr 1823.

Stretto: Odós Vasilíssis, Carob Mill, an der Burg, Tel. 25 82 04 65, tgl. ab 11 Uhr, Espresso 3,40,

Ausflüge in den Inselnorden

Bei Redaktionsschluss (März 2008) durften sich EU-Bürger auf der ganzen Insel frei bewegen und – anders als bis 2004 – auf einer Reise in beiden Teilen der Insel übernachten. Für den Grenzübertritt gab es fünf Checkpoints: für Fußgänger am Rand der Altstadt von **Nicosia** (s. S. 75), für Autofahrer in **Ágios Nikólaos** (L 6) bei Agía Nápa, in **Pérgamos** (K 6) bei Lárnaka, in **Ágios Dométios** (G 5) bei Nicosia und in **Páno Zódeia** (E 5) bei Mórfou. Ein weiterer Fußgängerübergang in der Ledra-Staße direkt in der Altstadt von Nicosia und ein Übergang für Autofahrer bei **Káto Pýrgos** (C 5) waren geplant. EU-Bürger benötigen für den Übergang nur den Personalausweis. Wichtigste Zollvorschrift: Bei der Rückkehr von Nord nach Süd dürfen nur 2 Schachteln Zigaretten/Person mitgebracht werden. Organisierte Tagesausflüge per Bus von Süd nach Nord werden angeboten.

Shopping in Nicosia

Innerhalb der Altstadtmauern macht das Shopping viel mehr Spaß als in der Neustadt, die ein Allerweltsgesicht trägt. Haupteinkaufsstraßen der Einheimischen sind in der Altstadt die **Lédra-Straße** und die **Onasagórou-Straße** mit Schuh- und Textilgeschäften, Juwelieren und dem Kaufhaus Ermes mit einer aussichtsreichen Cafeteria im obersten Stockwerk. Das Angebot an Souvenirs verschiedenster Art ist im restaurierten Altstadtviertel, der **Laikí Geitoniá**, besonders groß.
In Nord-Nicosia kauft man relativ preiswert Schmuck, Sportartikel und Billigtextilien. Das Angebot an anderen Waren ist äußerst dürftig, das Angebot in Kerýneia/Girne ist besser.

Crêpes ab ca. 5,20, Nudelgerichte 10–12 €.
Italienisches Bistro-Café, Schwerpunkt auf Pasta und frischen Langusten.
Basil: Odós Agíou Andréou 244, Di–So 18–24 Uhr, *all you can eat* ca. 22, Pizza und Pasta ab 9,50 €.
Brasilianisches Restaurant, Do 21 Uhr Samba-Show. Für den großen Hunger Sattessen zum Pauschalpreis.
Draught: Odós Vassílis, Carob Mill (an der Burg), tgl. ab 12 Uhr.
Trendiges Bierhaus, viele belgische Biere vom Fass, deutsche Wurstplatte, viele Gerichte in Jack Daniel's Saucen.

Stadtbusse: Fahrplan der E.A.L.-Busse bei der C.T.O. und an der Busstation an der Markthalle erhältlich.
Wichtige Linien: Linie 1 zum Neuen Hafen. Linie 6 entlang der Küste nach Amathoús und zum Hotel Le Meridien. Linie 13 entlang der Küste in östlicher Richtung zum Hotel Park Beach. Linie 16/17 nach Kolóssi. Linie 30 vom Hotel Le Meridien entlang der Küstenstraße zur KEO-Weinkellerei und zum Neuen Hafen.
Busse nach Koúrion: Mo–Fr 10, 12.30 und 13.30, Sa 10, 11 und 13 Uhr; Rückfahrt Mo–Sa 11.50 und 14.50 Uhr.
Fernbusse: Nach Lárnaca (Tel. 24 64 34 92) Mo–Fr 8, 10, 13 und 16.30 Uhr sowie Sa 8 und 13 Uhr ab Altem Hafen. Nach Nicosia (Tel. 25 37 05 92) und ins Tróodos-Gebirge (Tel. 25 55 22 20) ab Stadtbus-Terminal (Andréa Themistokléous St., nahe der Markthalle).
Bootsausflüge: Lipsos Cruise Lines, Büro gegenüber der Burg nahe dem Alten Hafen, Tel. 80 00 85 85.

Ziele in der Umgebung

Ágios Geórgios Alamános (G 9): 25 km östlich, Autobahnausfahrt 18, tagsüber frei zugänglich.
Das 1880 gegründete Kloster wird noch von etwa 40 Nonnen bewohnt. 1,5 km unterhalb des Klosters kann man sich in einer kleinen Bucht auf glatten, weißen Felsschollen sonnen, die von der Brandung unterspült werden. Dort stehen auch zwei Tavernen.
Amathoús (F 9): 10 km östlich an der Küstenstraße, Agorá Juni–Aug. tgl. 9–19.30, Nov.–März tgl. 9–17, sonst tgl. 9–18 Uhr, Eintritt ca. 1,80 €.
Viele Steine der antiken Hafenstadt wurden beim Bau des Suezkanals nach Ägypten verschifft, doch haben die Archäologen mit der Rekonstruktion des großen Aphrodite-Tempels begonnen. In der Unterstadt wurden an der Agora einige Säulen wieder aufgestellt.
Kolóssi: s. S. 58.

Machairás-Kloster (F 7)

Das in 800 m Höhe in völliger Einsamkeit in einem Wald gelegene Mönchskloster Panagía toú Machairás ist nur über eine extrem kurvenreiche und schmale Straße zu erreichen. Zwar sind die Mönche längst nicht so auf Besucher eingestellt wie im Kýkko-Kloster – und Reisegruppen sieht man höchst ungern –, doch lohnt sich die Fahrt allein schon wegen des beeindruckenden Landschaftserlebnisses.

Sehenswert

Kloster: Nur Mo, Di, Do 9–12 Uhr. Das 1172 gegründete Kloster wurde nach einem Brand 1892 neu erbaut; die Kirche erst Ende der 1980er-Jahre vollständig ausgemalt. Eine Klosterzelle erinnert an den Freiheitshelden Grigóris Afchendíou, der im März 1958 von den Briten in einer Höhle 20 Gehminuten vom Kloster getötet wurde. Die Höhle kann besichtigt werden; unmittelbar neben dem Kloster wurde ihm ein monumentales Denkmal errichtet.

Highlight 5

Nicosia (Lefkosía) (G/H 5)

Die letzte geteilte Hauptstadt der Welt (207 000 Ew.) liegt im Zentrum der flachen Mesaória-Ebene. Den Stadtkern bildet die Altstadt, die noch immer von ihrem fast 5 km langen, venezianischen Mauerring mit elf Bastionen und Wallgraben umgeben ist. Mitten durch diese Altstadt verläuft die ›Green Line‹, die Demarkationslinie zwischen dem südlichen und dem türkisch besetzten Teil. Man kann sie aber problemlos passieren (s. S. 80) und so auch interessante Stunden im Nordteil verbringen. Deswegen allein lohnt es schon, eine Nacht in Nicosia zu verbringen.

Sehenswert

Laikí Geitoniá: Zwischen Odós Solónou/Aischyloú/Ippokrátous/Fylokýprou. Von der Stadtverwaltung fantasievoll restauriertes Altstadtviertel mit engen Gassen, schönen Häusern, Läden und Tavernen (Aussprache: La-ikí Jitoniá).

Freiheitsdenkmal: Leofóros Nikifórou Fóka, frei zugänglich. Das 1970 auf der Podocataro-Bastion der Stadtmauer errichtete Denkmal betont anschaulich, dass an dem Freiheitskampf gegen die britische Herrschaft Zyprioten aus allen Gesellschaftsschichten teilnahmen. Das Denkmal zeigt zwei bewaffnete Kämpfer, die ein Gefängnistor öffnen, aus dem das gefangene Volk strömt, darunter klar erkennbar ein Fischer, ein Priester, ein Beamter, eine Mutter mit Kind. Sie alle haben mitgekämpft und -gelitten, so die Botschaft. Jetzt werden sie mit der Freiheit belohnt, die sich als Göttin personifiziert über allen erhebt.

Observatorium Shakólas Tower: Odós Arsinóis, Juni–Aug. tgl. 10–20, sonst 9.30–17 Uhr, Eintritt 1 €. Rumdum-Blick über ganz Nicosia vom 11. Stock des Debenhams-Hochhauses aus. Ferngläser liegen bereit, Erklärungen vom Band sind auch auf Deutsch abrufbar.

Leventis Museum: Odós Ippókratous, Laikí Geitoniá, Di–So 10–16.30 Uhr, Eintritt frei. Das Museum erzählt anschaulich die Geschichte der Stadt Nicosia.

Cyprus Classic Motorcycle Museum: Odós Graníkou 44, Mo–Fr 9–13.30 und 15.30–19, Sa 9–13 Uhr, Eintritt 2 €.

Privatmuseum mit über 150 Motorrädern aus der Zeit zwischen 1914 und 1983.

Haus des Hadjigeorgákis Kornésios: Odós Patriárchou Grigoríou 20, Mo 8.30–14, Di, Mi, Fr 8.30–15, Do 8.30–17 Uhr, Eintritt ca. 1,80 €. Das stattliche Haus aus dem späten 18. Jh. gehörte einem Christen, der als Dragoman dafür zuständig war, von seinen Glaubensgenossen die Steuern für den Sultan einzutreiben. Eindrucksvoll

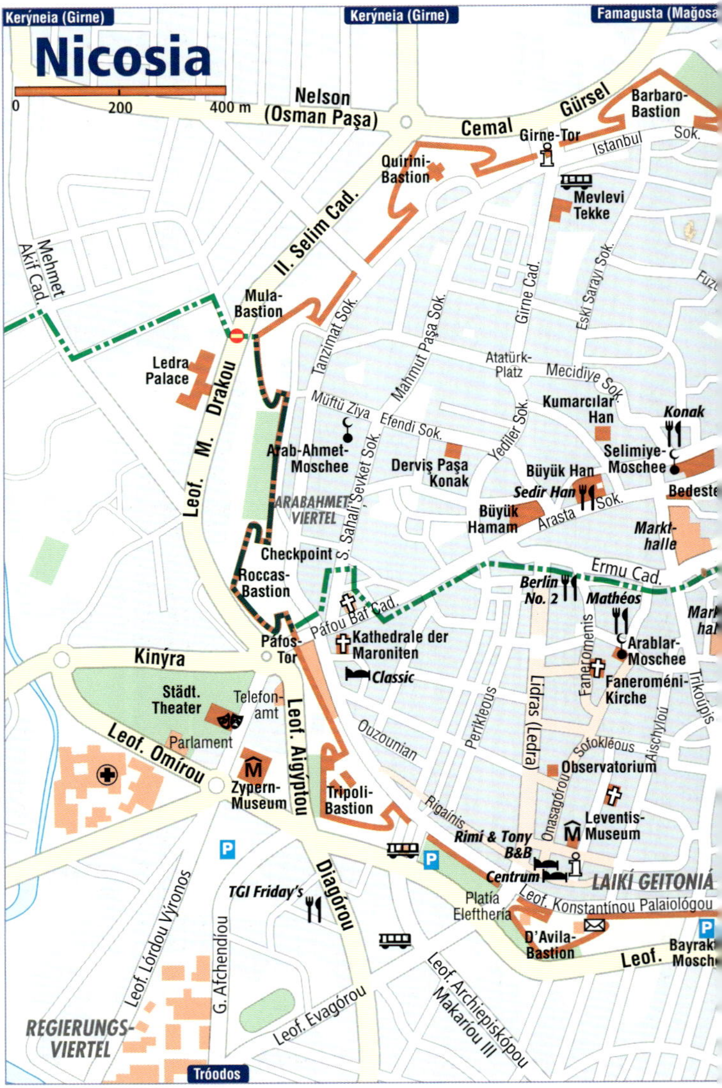

sind der dreiseitig von Arkaden umschlossene Innenhof und der Salon im türkischen Stil des 18. Jh.

Erzbischöflicher Palast: Platía Archiepískopou Kyprianoú, nur von außen zu betrachten.

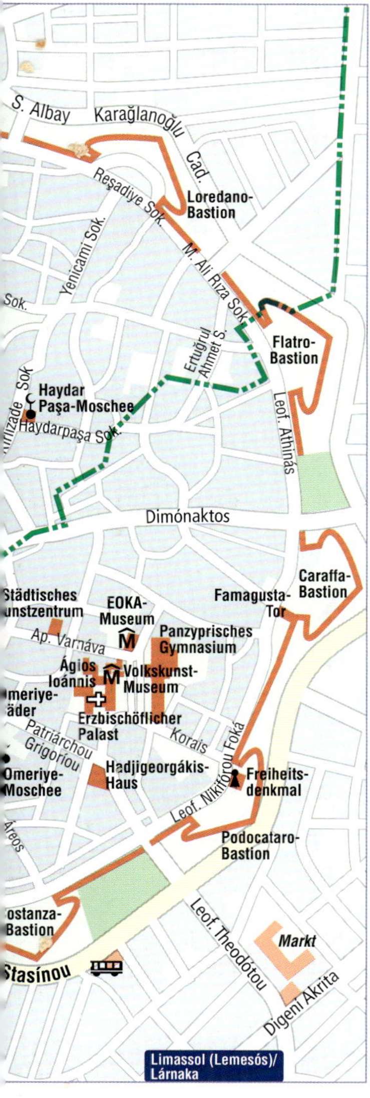

Der monumentalste Bau in der Inselhauptstadt ist der 1960 fertig gestellte Palast, in den Erzbischof Makarios III. als erster Hausherr einzog. Sein Denkmal vor der Hauptfront zeigt ihn in vollem Ornat.

Volkskunst-Museum (Ethnographic Museum of Cyprus): Platía Archiepískopou Kyprianoú, Mo–Fr 9.30–16 Uhr, Eintritt ca. 1,80 €.

Im alten Erzbischöflichen Palast, der erst 1960 durch den Neubau gleich nebenan abgelöst wurde, ist eine umfangreiche volkskundliche Sammlung untergebracht. Man sieht viele Stickereien, Webarbeiten und Trachten, Möbel, Schmuck, Keramik und landwirtschaftliche Geräte sowie Gemälde zypriotischer Maler, die alte Volksbräuche schildern.

Byzantinisches Museum: Platía Archiepískopou Kyprianoú, Mo–Sa 8.30–13, Mo, Di, Do, Fr auch 15–17.30 Uhr, Eintritt ca. 2 €.

In einem Anbau an den alten Erzbischöflichen Palast werden weit über 100 der schönsten und wertvollsten Ikonen Zyperns präsentiert. Die älteste, Nummer 1 in der vorderen rechten Ecke des ersten Saals, wird ins 8./9. Jh. datiert. Im zweiten Saal sind sechs einzigartige Mosaiken aus dem 5. Jh. zu sehen, die einen langen Weg hinter sich haben: Sie wurden im besetzten Teil gestohlen, tauchten im amerikanischen Kunsthandel wieder auf und mussten nach Gerichtsbeschluss an die Kirche Zyperns zurückgegeben werden.

Kathedrale Ágios Ioánnis: Platía Archiepískopou Kyprianoú, Mo–Fr 8–12, 14–16, Sa 8–12 Uhr, Eintritt frei.

Die orthodoxe Kathedrale ist ein unscheinbarer, überraschend kleiner Bau. Innen jedoch ist die 1665 errichtete Kirche vollständig mit figurenreichen

Fresken aus dem frühen 18. Jh. ausgemalt. Zu den eher seltenen Themen gehört eine Darstellung der sieben ersten Konzilien. Sehr bewegt wird Jesu Kreuzigung geschildert. Auf den drei besonders herausgehobenen, fast thronartigen Stühlen rechts vorn nehmen während besonderer Gottesdienste der Erzbischof und der Staatspräsident Zyperns sowie der griechische Botschafter Platz.

Städtisches Kunstzentrum (Nicosia Municipal Arts Centre): Odós Apóstolou Varnáva 19, Di–Sa 10–15, 17–23, So 10–16 Uhr, Eintritt frei.

Im alten Elektrizitätswerk von Nicosia finden heute wechselnde Ausstellungen zeitgenössischer zypriotischer Künstler statt. Angeschlossen ist ein Museumsladen, in dem u. a. zeitgenössische griechische und zypriotische Holz- und Kupferstiche sowie silberne Kopien bronzezeitlicher Brettidole verkauft werden.

Famagusta-Tor: Leof. Athinás, Mo–Fr 10–13, 16–19, Mai–Sept. 17–20 Uhr, Eintritt frei.

Das einzige vollständig erhaltene Tor in der venezianischen Stadtmauer, 1557–70 erbaut. Heute wird der 35 m lange Gewölbegang für wechselnde Kunst- und Fotoausstellungen genutzt.

Omeriye-Moschee: Odós Trikoúpis/Platía Tyllírias, Mo–Sa 10–12.30, 13.30–15.30 Uhr, Spende erbeten.

Die von syrischen Moslems verwaltete Moschee war ursprünglich eine gotische Augustinerkirche.

Omeriye-Bäder: Platía Tyllírias, Besichtigung nur Mo 11–17 Uhr, Führung ca. 2,50 €. Treatments Damen Mi, Fr, So, Herren Di, Do, Sa jeweils 9–21 Uhr.

Der türkische Hamam aus dem späten 16. Jh. ist heute ein sehr gepflegtes und stimmungsvolles Wellness-Centre mit Dampfbad und verschiedenen Massage- und Beauty-Angeboten.

Arablar-Moschee: Odós Lefkónos, keine Innenbesichtigung.

Ursprünglich als Kirche errichtet, wurde das christliche Gotteshaus nach 1570 durch Anfügung eines Minaretts in eine Moschee verwandelt.

Museum des Nationalen Kampfes: Platía Archiepískopou Kyprianoú, Mo–Fr 8–14 Uhr, Sept–Juni Do auch 15–17.30 Uhr, Eintritt 1 €.

Der von den Einheimischen auch EOKA-Museum genannte Neubau ist Ausstellung und Gedenkstätte zugleich. Neben Dokumenten und Fotos aus der Zeit zwischen 1955 und 1960 sieht man den Nachbau der Galgenkammer, in der die Briten 17 Widerstandskämpfer hängten. Kindern ist der Besuch nicht unbedingt zuzumuten.

Maronitische Kathedrale: Odós Faviérou, wenn geschlossen, im Büro des maronitischen Bischofs in einem Anbau fragen.

Die moderne Kathedrale der Maroniten Zyperns zeigt deutlich, dass diese Konfession mit der römisch-katholischen Kirche uniert ist. Anders als in orthodoxen Kirchen findet man hier Weihwasserbecken, Beichtstühle und Skulpturen.

Zypern-Museum (Cyprus Museum): Odós Mousíou 1, Mo–Sa 9–17, So 10–13 Uhr, Eintritt ca 3,50 €, Zeitbedarf mindestens 1–2 Std.

Das 1908–24 in klassizistischem Stil errichtete Museum birgt die größten Schätze aus der zypriotischen Geschichte. Die Sammlungen sind teils chronologisch, teils thematisch aufgebaut. Die beiden ersten Säle widmen sich den Epochen vom Neolithikum bis zur Bronzezeit. Saal 3 präsentiert als herausragende Einzelstücke einen 28 cm hohen, konischen Fayence-Rhyton aus dem 13. Jh. v. Chr. aus graublauem Email mit

Bummeln in levantinischem Ambiente: Marktszene in Nicosia

Menschen- und Tierdarstellungen sowie eine Weinkanne aus dem 7. Jh. v. Chr. mit dem Bild eines Vogels, der einen Fisch im Schnabel trägt.

Der kleine Saal 4 überrascht mit einer Anhäufung von Terrakottafiguren von Menschen und Tieren, teils lebensgroß, teils nur 10 cm hoch. Sie stammen aus der Zeit zwischen 625 und 500 v. Chr. und wurden im Heiligtum bei Agía Iríni im Norden Zyperns gefunden. Saal 5 und 6 widmen sich der Entwicklung der zypriotischen Bildhauerkunst von der archaischen bis zur römischen Zeit. Berühmt, aber nicht unbedingt schön ist die Aphrodite von Sóli (1. Jh. v. Chr., hinten in Saal 5). Ganz in ihrer Nähe überrascht die verschämt zur Wand hin zeigende Rückseite eines auf der Front einen Dionysos-Kopf zeigenden Steins mit einer gewagten erotischen Darstellung. Höhepunkte in Saal 7 sind die Bronzeskulpturen eines gehörnten Gottes, der auf einem Kupferbarren in Form einer gespannten Ochsenhaut steht, eine kleine bronzene Kuh und ein Mosaik aus Alt-Páfos, das Leda mit dem Schwan zeigt. An der rechten Seitenwand führen Treppen hinunter in ein dunkles Gewölbe mit der Darstellung antiker Bestattungssitten.

Saal 11 darüber verwahrt die Funde aus den Königsgräbern von Salamis, Saal 12 ist der Kupferverarbeitung gewidmet. In Saal 13 sind römische Großplastiken versammelt, in Saal 14 sieht man brettförmige Idole aus der frühen Bronzezeit und hellenistisch-römische Terrakotten, die Mütter und Hebammen während des Geburtsvorgangs darstellen.

Türkisch-zypriotische Altstadt:
Arabahmet-Viertel: Frisch restauriert ist es jetzt das schönste historische Viertel der gesamten Altstadt. Man hat es nicht kommerzialisiert, sondern als ruhiges Wohnviertel erhalten.
Büyük Hamam: Sok. Büyük Hamam, tgl. 7–22.30 Uhr, Besichtigung 2 €.
Das noch immer genutzte türkische Dampfbad ist über 500 Jahre alt. Das Portal stammt von einer gotischen Kapelle am gleichen Ort.
Büyük Han: Mo–Fr 8–21 Uhr, Sa 8–16 Uhr, Eintritt frei.
In der zweigeschossigen ›Großen Karawanserei‹ aus dem 16. Jh. sind jetzt zahlreiche Kunsthandwerker und ein stimmungsvolles Lokal angesiedelt.
Dervis Pasa Konak: Belig Pasha Sok., Mai–Okt. Mo–Fr 9–13 und 14–17 Uhr, sonst Mo–Fr 9–14 Uhr, Eintritt 2 €.
In dieser prächtigen Villa sieht man, wie ein wohlhabender türkischer Zypriote gegen Ende des 19. Jh. lebte.
Kumarcilar Han: Zur Zeit wegen Restaurierung nur von außen einsehbar.
Die zweite, gut erhaltene Karawanserei der Stadt wurde im 17. Jh. erbaut und hatte 52 kleine Gästezimmer.
Selimiye-Moschee: Tagsüber geöffnet, Eintritt frei, Schuhe ausziehen!
Der monumentalste Bau Nicosias wirkt wie aus Frankreich in die Levante versetzt. Die Lusignans ließen die Sophien-Kathedrale 1208–36 im gotischen Stil erbauen. Die Türken setzten den Türmen 1571 Minarette auf, schlugen Gebetsnischen in die Südwand, rollten Teppiche aus, zerstörten bildlichen Schmuck, bauten eine Gebetskanzel ein – und fertig war die Moschee.
Mevlevi Tekke: Girne Cad., Mai–Okt. Mo–Fr 9–13 und 14–17 Uhr, Nov.–April Mo–Fr 9–14 Uhr, Eintritt ca. 3 €.

Wie man in den Norden Nicosias geht

Für den Übergang zu Fuß zwischen Süd und Nord benötigen EU-Bürger nur den Personalausweis. Im Norden kann man alles mit Euro bezahlen. Der bei Redaktionsschuss (März 2008) einzige Checkpoint lag beim alten Ledra Palace Hotel am Rande der Altstadt, das jetzt als UN-Kaserne genutzt wird; ein zweiter Übergang direkt auf der Ledra Steet im Herzen der Altstadt ist im Gespräch.

In dem ehemaligen Kloster der ›Tanzenden Derwische‹, deren Orden im 13. Jh. im türkischen Konya gegründet wurde, erinnern lebensgroße Puppen an ihre Rituale und Trachten. Außerdem wird türkisch-zypriotische Volkskunst gezeigt.

Einkaufen

Chrysaliniótissa Crafts Centre: Odós Dimónaktos 2, Mo–Sa 10–13, Mo–Fr auch 15–18 Uhr (Mai–Sept. 16.30–19.30 Uhr).
Kleines Kunsthandwerkszentrum in der Altstadt mit sechs Verkaufsateliers und einem sehr ursprünglichen Kafenío. Angeboten werden Glaswaren, Kerzen, Kräuter, Ikonen, Holzschnitzereien und Gemälde.
Cyprus Handicraft Centre: Leofóros Athalássis (nahe der Autobahnauffahrt, dort ausgeschildert). Mai–Sept. Mo, Di, Do, Fr 8–13 und 16–19 Uhr, Mi 8–13, Sa 8.30–13 Uhr. Okt.–April Mo, Di, Do, Fr 8–17.30 Uhr, Mi 8–13, Sa 9–13 Uhr.
Staatliche Verkaufsausstellung zypriotischen Kunsthandwerks.

MAM: Laikí Geitoniá. Eine von einem Kulturverein getragene Buchhandlung, die fast jedes weltweit über Zypern erschienene Buch führt. Außerdem historische Postkarten und Volksmusik.
Markthalle: Odós Dimarchías. In der Städtischen Markthalle geht es recht ruhig zu. Ein Besuch lohnt nur bei viel Zeit; dann kann man gut Nüsse, eingelegte Früchte, Käse und Körbe kaufen.
Stamatis Antiques: Odós Aristokýprou 20, am Rande der Laikí Geitoniá. Skurrile Anhäufung von Tand, Souvenirs, Kunsthandwerk und Antiquitäten, auch alte Werbe- und Straßennamensschilder sowie Zinndosen.
Wochenmarkt: Mi vormittags vor der Bayraktar-Moschee auf der Costanza-Bastion.

Ausgehen

Bastione: Leofóros Athinás,
tgl. ab 19.30 Uhr.
Yuppie-Treff in coolem Ambiente auf der Stadtmauer beim Famagusta-Tor.
Enallax: Leof. Athínas (nahe Flatro-Bastion), Tel. 22 43 01 21.
Es nennt sich selbst Café und Theater, ist Musiklokal, Show-Venue, Café und Bar. Mi 23 Uhr lockt Classic-Rock zur 40+-Party, Do–Sa ab 23 Uhr erklingt moderne griechische Livemusik.
Xefóto: Odós Aischyloú 6,
tgl. ab 9 Uhr, Livemusik an mehreren Abenden in der Woche ab ca. 20.45 Uhr, manchmal auch schon mittags.
Taverne in der Laikí Geitoniá, in der griechische Unterhaltungsmusik auf hohem Niveau präsentiert wird. Oft tanzen Gäste dazu, auch Wirt Andréas geht gern auf die Piste.

C.T.O.: Odós Aristokýprou, Laikí Geitoniá, Tel. 22 67 42 64.
In Nordnicosia: Im Girne-Tor,
Tel. 227 29 94.

Tony B & B: Odós Solónos 13,
Tel. 22 66 77 94, Fax 22 66 22 25,
DZ Ü/F ganzjährig ab ca. 48 €.
Einfache, aber nett geführte Pension am Rand der Laikí Geitoniá.
Rimi: Odós Solónos 5, Tel. 22 68 01 01,
Fax 22 66 08 16, rimi@cylink.com.cy,
DZ Ü/F ganzjährig ca. 95 €.
1997 eröffnetes Hotel in einem historischen Haus direkt in der Laikí Geitoniá, 26 Zimmer.
Centrum: Odós Pasikrátous 15,
Tel. 22 45 64 44, Fax 22 87 35 60,
www.centrumhotel.net,
DZ Ü/F ca. 120, Nov.–April 80 €.
Sehr gepflegtes, freundliches, modernes Hotel mit 40 Zimmern, freier Internet-Zugang, ZDF-Empfang.
Classic: Odós Rigaínis (Regaena Street) 94, Tel. 22 66 40 06,
Fax 22 67 00 72, www.classic.com.cy,
DZ Ü/F ganzjährig 115–135 €.
Geschmackvoll eingerichtetes Hotel auf der Stadtmauer nahe dem Páfos-Tor, 57 Zimmer.

Berlin No. 2: Odós Faneroménis, Snacks 2,50–3,50 €.
Snackbar mit Tischen und Stühlen direkt an der Mauer, die Nicosia teilt.
Sedir Han: Im Büyük Han, Nordnicosia, Mo und Do 9–20, Di, Mi und Fr 9–24, Sa 9–16 Uhr.
Ravioli ca. 5,30, Kléftiko 9, Mokka 0,90 €.
Äußerst stimmungsvoll im Innenhof der Großen Karawanserei gelegen. Täglich frisch vor den Augen der Gäste hergestellte Ravioli, wahlweise mit Käse- oder Hackfleischfüllung. Die junge Wirtin spricht Deutsch.
Mathéos: Odós Léfkonos 6,
Tel. 22 75 58 46, Mo–Sa 8–16 Uhr,
Hauptgerichte 5–7 €.
Exzellente Tagestaverne in der Altstadt nahe der Faneroméni-Kirche. Große

Auswahl an gekochten Gerichten. Auch Täubchen stehen auf der Karte.
Archontikó: Laikí Geitoniá, Tel. 22 68 00 80, tgl. ab 11 Uhr, Mezé ca. 13, Hauptgerichte 7–8 €.
Taverne in und vor einem alten Bürgerhaus im restaurierten Altstadtviertel.
Konak: Selimiya Maydani 28, Nordnicosia, tgl. ab 10 Uhr, Hauptgerichte 7–15 €.
Stilvolles Restaurant in einem Prachthaus aus dem 19. Jh. auf der Nordseite der gotischen Kathedrale.
TGI Friday's: Odós Diágorou 12, tgl. ab 12 Uhr, Hamburger 9–11, Spare Ribs 13,50 €.
Trendiges Szene-Lokal in der Neustadt von Südnicosia mit Crossover-Küche, erstklassige Cocktails und Smoothies.

Busse: Verbindungen siehe bei den Zielorten.

Ziele in der Umgebung

Ausflüge lohnen nach **Asínou, Peristeróna, Politikó** und zum **Machairás-Kloster.** Von Nordnicosia sind auch Halbtagesausflüge mit dem Taxi nach Kerýneia oder Tagesausflüge in andere Teile Nordzyperns möglich.

Highlight 6

Ómodos (D 8)

Das schöne Dorf mit alten Natursteinhäusern, einem idyllischen Dorfplatz, einem schönen Kloster und interessanten Kunsthandwerksläden liegt auf 750 m Höhe inmitten von Weingärten.

Sehenswert

Tímios Stavrós-Kloster: Am unteren Ende des Dorfplatzes, tagsüber frei zugänglich.
Das heute nicht mehr bewohnte Kloster Moni Tímiou Stavroú wurde bereits 327 gegründet; seine schönen Natursteingebäude jedoch stammen aus dem frühen 19. Jh. Als größter Schatz werden in der Klosterkirche Splitter vom Kreuz Christi (rechts an der Ikonostase) und die Schädelreliquie des Apostels Philipp (in einem verglasten Safe) verwahrt. Bemerkenswert sind die geschnitzten Holzdecken im oberen Umgang des Kreuzgangs und im Synodensaal (heute Ikonenmuseum).
Línos-Haus: An der unteren Dorfgasse, am Platz ausgeschildert, tagsüber frei zugänglich.
In einem großen Natursteinhaus steht, gut restauriert, die größte und älteste erhaltene Weinpresse Zyperns.
Olympus Wineries: Etwas außerhalb des Dorfes an der alten Straße nach Páno Plátres, Mo–Fr 10–16 Uhr, Eintritt frei.
Moderne Weinkellerei. Auf die Besichtigung folgt eine Weinprobe.

Einkaufen

Soúni Handicraft Centre: An der unteren Dorfgasse. Inhaber Démpsi ist Glasbläser und verkauft überwiegend seine selbst hergestellten Produkte.

Feste & Unterhaltung

Kirchweihfest am 13./14. September mit Musik, Tanz und Jahrmarkt auf dem Dorfplatz vor dem Kloster.

Katoi: 150 m vom Dorfplatz nahe dem Línos-Haus, So geschl., Mi abends geschl., sonst 11–16 und ab 19 Uhr, vegetarisches Moussaká ca. 8, Spaghetti bolognese 7 €.
Stimmungsvolles Restaurant mit simplem Essen in einem alten Weinkeller.
Panícos Tavern: Am Dorfplatz,

Tel. 25 42 23 89 und 25 42 17 68, Seftaliá ca. 8,50, Flasche Wein ab 6 €. Der Wirt der Taverne vermietet treuhänderisch für deren Eigentümer zahlreiche Häuser und Apartments im Dorf.

Páfos (A/B 8)

Das Páfos der Urlauber liegt am Meer: Hotelstadt, mit nur wenigen alten Häusern aus vortouristischen Zeiten. Mittelpunkt ist der kleine Hafen, der schon in hellenistischer Zeit die Keimzelle der Stadt war, die Nikokles, der letzte unabhängige Priesterkönig von Páfos, 312 v. Chr. gründete. Er nannte sie Néa Páfos, also Neu-Páfos. Die alte Hauptstadt beim heutigen Dorf Koúklia hieß fortan Palaiá Páfos, Alt-Páfos (s. S. 58). Néa Páfos war in römischer Zeit Hauptstadt der gesamten Insel. Was die Archäologen aus jener Zeit freilegten, macht die Stadt heute zu einem Freilichtmuseum.

Das Páfos der Einheimischen ist seit der Zeit der Türkenherrschaft die etwa 2 km vom Meer entfernte Oberstadt Ktíma. Im alten Türkenviertel tragen die Gassen noch türkische Namen, doch die Moschee, der Hamam und viele Häuser stehen leer. Voller Leben sind weiterhin die vielen klassizistischen Gebäude aus der britischen Kolonialzeit. Besonders reizvoll an einem Urlaub in Páfos sind die ländliche Umgebung mit Obsthainen und Bananenplantagen, das sanft ansteigende Hinterland und die zahlreichen Ausflugsziele.

Sehenswert

Aquarium: Odós Artemídos 1, im Sommer tgl. 9–20, im Winter 9–18 Uhr, Eintritt ca. 6 €. Meeres- und Süßwasserfische in 72 Aquarien, dazu ein Bassin für Krokodile.

Durchblick statt Glasboden

Fahrten mit dem Glasbodenboot (glass bottom boat) werden nicht nur in Lakkí, sondern auch in Páfos und Agía Nápa angeboten. Nirgends sind sie ihr Geld Wert. Außer ein paar vereinzelten kleinen Fischen, die man besser auf dem Markt oder Teller betrachten kann, ist meist nichts zu sehen. Man zeigt besser Durchblick und erspart sich die Ausgabe.

7

Highlight

Archäologischer Park: Juni–Aug. tgl. 8–19.30, Nov.–März 8–17, sonst 8–16 Uhr, Eintritt ca. 3,50 €. Eingang am großen Parkplatz am Hafen.

Haus des Theseus, Haus des Aion, Haus des Orpheus, Haus des Dionysos: Ein Besuch des Ausgrabungsgeländes nahe dem Hafen ist wie ein Spaziergang durch ein Bilderbuch der antiken Mythologie. 1962 entdeckte ein pflügender Bauer zufällig die ersten farbigen Steinchen. Weil das römische Mosaik den Weingott Dionysos zeigte, benannte man die Villa nach ihm. Später fanden Archäologen weitere Villen, die jeweils nach einem der auf ihren Bodenmosaiken dargestellten Heroen getauft wurden. Sie stammen alle aus dem 3. und 4. Jh. und sind vielfarbig; nur ein schwarz-graues Mosaik mit dem Meeresungeheuer Skylla wird ins späte 4. Jh. v.Chr. datiert. Die Ausgrabungen werden von zypriotischen und polnischen Archäologen fortgesetzt, die immer wieder neue, prächtige Mosaike entdecken.

Besonders schön ist das Mosaik im Haus des Theseus. Das Werk aus dem 3.

Jh. zeigt in einem großen, kreisförmigen Bildfeld den antiken Helden Theseus im Kampf mit dem sagenhaften Minotaurus. Die Szene wird von einem faszinierend gestalteten, stilisierten Labyrinth eingefasst, das so zugleich den Ort des Kampfes bezeichnet. Zudem wird der Schauplatz des Geschehens durch zwei Personifikationen umrissen, die in Inschriften auch benannt sind. Ein bärtiger Mann steht für das Labyrinth, eine junge, gekrönte Frau für die Insel Kreta. Eine fünfte, ausdrücklich als Ariadne bezeichnete Gestalt schaut der Szene ängstlich zu – die Königstochter hatte sich in Theseus verliebt und bangt nun um sein Leben.

Odéon: Unterhalb des niedrigen, aber weithin sichtbaren Leuchtturms aus britischer Zeit ist ein kleines Theater aus dem 2. Jh. in den Hang geschnitten. Die Zuschauer auf seinen ursprünglich 25 Sitzreihen erlebten wahrscheinlich vor allem Konzerte und lyrische Vorträge. Die Brachfläche gegenüber war das römische Forum, südlich schloss sich ein Heiligtum für den Heilgott Äskulap (Asklípion) an.

Saránda Kolónnes: Als die aus Frankreich stammenden Lusignan Zypern 1192 zu einem fränkischen Königreich machten, erbauten sie nahe dem Hafen von Páfos unter Verwendung älterer Steine eine Festung. Besonders reizvoll anzusehen ist, wie alte Sarkophage und Säulentrommeln zur Anlage von Pferdetränken, als Türschwellen oder auch als Füllmaterial in den Mauern ›wiederverwertet‹ wurden.

Hafen-Fort: Juni–Aug. tgl. 8–19.30, Nov.–März 8–17, sonst 8–18 Uhr, Eintritt ca. 1,80 €.

Vom Dach des 1592 unter Einbeziehung einer älteren Burg erbauten türkischen Forts hat man einen schönen Blick über Hafen und Stadt aufs Hinterland. Im Fort ist heute ein Museum des Mittelalters untergebracht.

Paulus-Säule: Ódós Stasándrou, nur von außen einsehbar. Der Legende nach soll Paulus in Páfos nach seiner ersten Predigt ausgepeitscht worden sein. Die Überlieferung weiß auch, an welche Säule er gebunden war. Sie steht auf dem Gelände einer frühchristlichen Basilika, an deren Freilegung die Archäologen noch arbeiten. Im späten 16. Jh. entstand neben ihren Überresten **Agía Kyriakí Chrissopolítissa,** eine orthodoxe Kreuzkuppelkirche.

Agía Solomoní: Leofóros Apostólou Pávlou, frei zugänglich. Antike Felsgräber gibt es viele in Páfos. Aber nur dieses hier dient noch als christliches Heiligtum. Am Ansatz der Treppen, die hinunterführen, steht Zyperns schönster Wunschbaum (s. auch S. 101). Stufen führen zu einem antiken Brunnen, mit dessen Wasser Kranke einst ihre Augen benetzten, um durch den Beistand der hl. Solomoní von Augenkrankheiten geheilt zu werden – heute ist die Wasserqualität jedoch so schlecht, dass man sich wohl eher eine Augenkrankheit holt.

Fábrica-Hügel: Am Rand des antiken Stadtgebietes lohnt der Hügel den Aufstieg: schöne Aussicht.

Königsgräber: Tombs of the Kings Road, Juni–Aug. tgl. 8–19.30, Nov.–März tgl. 8–17, sonst tgl. 8–18 Uhr, Eintritt ca. 1,80 €.

In der schönen Küstenlandschaft westlich des Hafens wurden in hellenistischer und römischer Zeit zahlreiche große Grabanlagen aus dem Fels gehauen. Könige waren hier nie bestattet, wohl aber hohe Würdenträger und reiche Familien. Zwei Gräber ahmen mit ihren aus dem Fels gehauenen Säulen bzw. Pfeilern die Peristylhöfe der Villen der Lebenden nach.

Türkenviertel: Das frühere Türkenviertel von Ktíma erstreckt sich von der Markthalle aus nach Norden und Nordwesten. Sein Zentrum bildet die **Kebir-Moschee** mit ihrem hohen Minarett. Das ehemalige **Hamam** (Bad) am Park-

Ideal für Überwinterer

Zypern ist ein Ganzjahres-Reiseziel. Die Reiseveranstalter bieten alle Urlaubsorte auch in den Wintermonaten an, obwohl sie nicht alle gleich gut für Überwinterer geeignet sind. **Limassol** ist denen zu empfehlen, die unbedingt eine Großstadt um sich brauchen und viele Ausflüge unternehmen wollen. **Pólis** eignet sich für den, der größtmögliche Ruhe in ländlicher Umgebung sucht. Der beste Ort für gelungene Ferien zwischen November und März aber ist **Páfos.** Dessen Winterklima ist das mildeste der Insel, was ja auch die Bananenplantagen beweisen. Es gibt ein kleines, von Einheimischen belebtes Zentrum, viel Sehenswertes im Ort selbst und genügend ganzjährig geöffnete Tavernen, so dass keine Langeweile aufkommt.

platz unterhalb der Markthalle wurde kürzlich restauriert und soll bald als Museum öffnen.

Klassizistische Gebäude: Leofóros Georgíou Gríva Digení. Von den zeitgenössischen Griechen hielten die britischen Kolonialherren wenig, von den antiken schwärmten sie. So bauten sie an der Hauptstraße ihres Páfos drei tempelähnliche Schulgebäude, ein Rathaus und eine Bibliothek im klassizistischen Stil.

Archäologisches Museum: Leofóros Georgíou Gríva Digení, Di, Mi, Fr 8–15, Do 8–17, Sa 9–15 Uhr, Eintritt ca. 1,80 €.

Sehenswertes kleines Museum, dessen originellstes Exponat ein römisches Wärmflaschensystem aus Ton ist. Für wirklich alle Körperteile gab es der individuellen Körperform ihres (deutlich männlichen) Besitzers angepasste Teile.

Volkskundliches Museum (Museum des zyprischen Kulturlebens): Odós Éxo Vrýsis 1, Mo–Sa 9–18, So 10–13 Uhr, Eintritt ca. 3 €. Zypriotische Trachten, Möbel und Stickereien.

Byzantinisches Museum: Odós Andréa Ioánnou, Mo–Fr 9–16, Sa 9–13 Uhr, Eintritt ca. 1,80 €. Sammlung von Ikonen vom 16. bis 19. Jh., liturgische Geräte und Gewänder.

Geologisches Museum: Odós Ag. Theodórou 2, Mo–Sa 10.30–13 Uhr.

Jahrhundertealt, und doch stabil: Torbogen in Káto Páfos

Mo, Di, Do und Fr auch 16–18 Uhr, Eintritt frei.
Von einem gut deutschsprechenden Geologen aufgebautes Einraum-Museum zur Geologie Zyperns, durch das man auf Wunsch auch geführt wird.
Glasbodenboote: Mehrere Boote liegen im Hafen für Ausfahrten bereit.

Sport & Strände

Gute Strände fehlen im Stadtgebiet. Man badet in den Poollandschaften der Hotels oder an aufgeschütteten Hotelstränden. Die Alternative besteht darin, mit dem Bus zur **Coral Bay** (s. S. 49) oder nach **Geroskípou** (s. S. 54) zu fahren.

Hochseeangeln: Dreistündige Ausfahrten werden inklusive Köder und Drinks an Bord ab 25 € im Hafen angeboten.
Speedbootvermietung: Am Hafen, für ein 40-PS-Boot für 27 €/30 Min.,62 € für ein 200-PS-Boot.
Wassersport: Die großen Hotels bieten zahlreiche Möglichkeiten zum Windsurfen, Fallschirmsegeln, Wasserski.
Go-Karts: *Páphos Karting,* zwischen Geroskípou und Meer, an Küstenstraße von Páfos nach Geroskípou auf Höhe des Hotels Cypria Maris ausgeschildert, Tel. 99 62 09 16,
tgl. ab 9–23 Uhr, ca. 13 €/6 Min., 25 €/30 Min.
Nach eigenem Bekunden Europas einzige Kart-Bahn mit Brücke und Tunnel, 1600 m lang. Es gibt auch Karts für Kinder (7–12 Jahre, ca. 8,50 €/6 Min.) und Elektro-Karts für ganz Kleine (3–8 J., 7 €/10 Min.).

Einkaufen

Cyprus Handicraft: Leofóros Apostólou Pávlou 64. Staatlicher Kunsthandwerksladen mit zypriotischen Erzeugnissen.
Makários-Straße: Die Hauptgeschäftsstraße, wo die Einheimischen ihre Einkäufe erledigen.
Markthalle: Hier gibt's zypriotische Köstlichkeiten und Samstag morgens einen Bauernmarkt, in den allerdings immer mehr Souvenirhändler eindringen.

Ausgehen

Markideío Theatre: Leofóros Evágora Pallikarídi, in Ktíma.
Modernes Theater nahe Busbahnhof, in dem außer Filmvorführungen auch The-

Wellness auf Zypern

Die internationale Wellness-Welle hat auch Zypern erreicht. Wellness-Oasen gibt es vor allem in den teuren Fünf-Sterne-Hotels wie dem **Paphos Amathus Beach Hotel** und dem **Annabelle** in Páfos, dem **Columbia Beach Resort** in Pissoúri, dem **Anassa** bei Lakkí und dem **Amathus Beach** in Limassol. Als größtes Thalasso-Center seiner Art in ganz Europa gehört das **Le Spay** im Hotel Le Meridien bei Limassol. Es bietet seinen Gästen vier Außen- und drei Innen-Meerwasserpools, 20 Thalgo-Thalasso- und 12 Elemis-Beauty-Behandlungsräume und steht nur Hausgästen zur Verfügung. Es gilt als eins der elegantesten Wellness-Center im ganzen Mittelmeerraum. Mehrere deutsche Reiseveranstalter haben es im Programm, einen Vorgeschmack gibt auch die Website www.lemeridien-cyprus.com.

atergastspiele und Konzerte stattfinden. Programm-Info beim C.T.O.-Büro.

Boogie's: Odós Agíou Antoníou, Ecke Odós Apóllonos, Káto Páfos. Preisgünstig und unterhaltsam: von 20–2 Uhr kommen Karaoke-Fans auf ihre Kosten, dann geht's bis 4.30 Uhr mit Disco weiter.

Demókritos: Odós Dionýsiou 1, Káto Páfos, Mezé ca. 17, 3-Gang-Menü 13,50–23 €. Taverne im Hotelviertel mit allabendlicher Folklore-Show; hinterher hat man Gelegenheit zum Mittanzen. Zwar arg touristisch, aber auch sehr fotogen und amüsant.

Flintstone Bar: Odós Diónysos 2, Brandy Sour ca. 3,20 €. Sommerbar mit vielen Stammgästen. Wirt Leónidas serviert zu den Drinks heißes Popcorn.

Rainbow: Odós Ag. Antoníou 1 (Hotelviertel, Night Life Street), tgl. ab 24 Uhr. Die In-Disco der Stadt, klimatisiert, vor allem Garage und House.

C.T.O.: Odós Gládstonos, Tel. 26 23 28 41, und Leofóros Posidónos 63A, Tel. 26 93 05 21, am Flughafen, Tel. 26 42 28 33.

Axiothéa: Odós Ivis Malliótou 2, Tel. 26 23 28 66, Fax 26 24 57 90, www.axiotheahotel.com, DZ Ü/F ab 74, Nov.–März ab 48 €. Modernes Hotel an einer Fußgängergasse in Ktíma, viele der 37 Zimmer mit schönem Meerblick.

Anemi: Odós Kikerónos, Tel. 26 94 56 66, Fax 26 94 57 81, www.anemihotel.com, DZ im April ab ca. 47, im August ab 86 €. Apartmenthotel mit 90 unterschiedlich großen Wohneinheiten und großem Pool, am östlichen Rand des Hotelviertels gelegen.

Roman: Odós Agíou Lambriánou, Tel. 26 94 54 11, Fax 26 24 68 34, www.romanhotel.com.cy, DZ Ü/F ab 64, Nov.–März ab 48 €. Originelles Hotel, das wie die Filmkulisse für einen Streifen über die alten Römer daherkommt. Viel Holz und Naturstein; antikisierende Wandmalereien und Mosaike zieren die Gemeinschaftsräume.

Kinirás: Leofóros Makáriou 91, Tel. 26 94 16 04, Fax 26 24 21 76, www.kiniras.cy.net, DZ ab 75, Nov.–März ab 45 €. Als ›Traditional House‹ klassifiziertes, zentral in Ktíma gelegenes Hotel mit viel Atmosphäre, einer erstklassigen Küche und lauschigem Patio. Die Wirte Kleánthis und Geórgios sprechen Deutsch. WLAN.

Annabelle: Leofóros Posidónos, Tel. 26 23 83 33, Fax 26 24 55 02, www.theannabellehotel.com, DZ Ü/F ab 265, Nov.–März ab 200 €.
Bestes Hotel der Stadt. Künstlich aufgeschütteter Strand, Garten mit Wasserfällen und tropisch anmutender Pool-Landschaft, 198 Zimmer.

Paphos Amathus Beach: Leofóros Posidónos, Tel. 26 88 33 00, Fax 26 88 33 33, www.paphosamathus.com, DZ Ü/F ab 325 €.
Luxushotel mit Pool, Hallenbad, Tennisplätzen und großem Wellness-Bereich, eigenes Wassersportzentrum.

Laterna: Odós Apóllonos 2, Ecke Odós Agíou Antoníou (Hotelviertel), Tel. 26 93 23 93, Di–So ab 17.30 Uhr, Dez. geschl., Menü des Hauses ca. 13, T-Bone-Steak von zypriotischen Rindern 13, Flasche Wein ab 9 €.
Eins der besten Restaurants der Insel. Wirt Chrístos Mavromátis ist leidenschaftlicher Koch, bietet viel Vegetarisches und ausgefallene zypriotische Kreationen. Besonders stolz ist er auf seine Auswahl erlesener zypriotischer Weine, die er sehr günstig anbietet. Im Sommer auch Plätze draußen, im Winter offener Kamin im leicht folkloristisch eingerichteten Innenraum.

Edelweiss: Limaniótissa Court, am östlichen Ende der Odós Agío Antoníou, tgl. ab 12 Uhr, Hauptgerichte 9–13 €.
Solide zypriotische Küche in einem bodenständigen Familienbetrieb. Besonders lecker: das Schweinesteak in Commandaría-Sauce.

Leonárdo: Odós Diónysos 8 (Hotelviertel), tgl. ab 18 Uhr, Pfeffersteak ca. 19, Prodetto abruzzese (Fischsuppe nach Abruzzen-Art) 8,50 €.
Sich cool gebendes italienisches Restaurant. Teuer, aber gut.

Laona: Odós Votsí 6, Mo–Sa 10–16 Uhr, Hauptgerichte ca. ca. 7,70, offener Wein 8,50 €/l.
Erstklassige Familientaverne nahe der Markthalle, wo viele sonst eher selten angebotene Inselspezialitäten auf den Tisch kommen.

Sóli-Aépia: Odós Talát Pasá 1, Ktíma, tgl. ab 10 Uhr, Moussaká ca. 7, Mezé 14 €.
Taverne nahe der Markthalle am Steilabfall zur Küstenebene. Schöne Aussicht mit der früheren Türkenstadt im Rücken. Mi, Fr, Sa gibt es ab 21 Uhr Livemusik.

Stadtbusse: Linie 1 und 2: Markthalle – Grívas Avenue – Geroskípou (Sa-Nachmittag, So kein Verkehr). Linie 3: Markthalle – Lémpa – Kissónerga. Linie 4: Markthalle – Émpa – Kloster Ágios Neófytos. Linie 6: Markthalle – Lémpa – Hotel Cynthiana Beach. Linie 7: Markthalle – Lémpa – Pégeia. Linie 10: Markthalle – Königsgräber – Küstenstraße – Coral Bay (nur Mo–Sa). Linie 11: Markthalle – Poseidon Avenue (Hotelviertel) – C.T.O. Beach von Geroskípou. Linie 15: C.T.O. Beach – Hotelviertel – Küstenstraße – Coral Bay. Linie 25: Markthalle – Geroskípou Zentrum (nur Mo–Fr 9–13 Uhr).

Fernbusse: Abfahrt am zentralen Busbahnhof in Ktíma (Leof. Evágora Pallikarídi). Nach Limassol Mo–Sa 5–6 x tgl. Nach Nicosia Mo–Sa 1–2 x tgl. Nach Pólis Mo–Fr 10 x (Sa 6 x tgl.), 3–4 x tgl. fährt dieser Bus weiter bis Pomós.

Ziele in der Umgebung

Adónis-Bäder (B 7): 15 km nördlich, ab Küstenstraße Richtung Coral Bay kurz vor Coral Bay ausgeschildert, letztes Teilstück (ca. 3 km) nur Feldweg, für Pkw vorsichtig befahrbar. Tgl. Sonnenauf- bis -untergang, Eintritt ca. 8 €.
In einer kleinen Schlucht des ganzjährig Wasser führenden Baches Mavrokólymbos hat Inhaber Bámbos eine historische Wassermühle restauriert. Unter zwei Wasserfällen kann man in kleinen Naturbecken baden, in eins sogar aus 12 m Höhe hineinspringen. Bámbos hat das ganze Areal mit Statuen des Adónis und der antiken griechischen Götter geschmückt: ein liebenswert skurriler Ort in schönster Natur, an dem auch schon RTL 2 gedreht hat.
Ágios Neófytos-Kloster: s. S. 45.
Émpa: s. S. 51.
Geroskípou: s. S. 54.
Káthikas (B 7): 20 km nördlich. Das Bergdorf am Rande der Akámas-Halbinsel lohnt den Besuch insbesondere wegen der Taverne Araoúzos (tgl. 12.30–24 Uhr, So nur bis 16 Uhr, Mezé ca. 12 €) im Dorfzentrum. Hier werden in einem alten Haus mit schönem Innenhof viele traditionelle zypriotische Gerichte serviert.
Koúklia: s. S. 58.
Lémpa: s. S. 69
Tsáda: s. S. 105.

Panagiá (C 7)

Das Weinbauerndorf in über 800 m Höhe ist der Geburtsort des Erzbischofs Makarios.

Sehenswert

Kloster Chrysorogiátissa:
Tagsüber frei zugänglich; Weinkeller nur Mo–Fr 9–12 Uhr.
Das im 12. Jh. gegründete und im 18. Jh. in seiner heutigen Form erbaute Mönchskloster 2 km außerhalb des Dorfes ist das einzige Zyperns mit eigener Weinkellerei (Verkauf im Klosterhof). Zudem betreibt der Abt eine Werkstatt, in der er alte Ikonen restauriert. Ein modernes Museum zeigt Ikonen und andere Kostbarkeiten aus dem Klosterbesitz. Neben dem Eingangstor zum Kloster hat im Sommer eine Taverne mit prächtiger Aussichtsterrasse geöffnet.
Kloster Agía Moní: Tgl. 10–12.30 und 14–16 Uhr.
Das Kloster liegt ca. 2 km von Chrysorogiátissa entfernt an der Straße nach Páfos. Hinter der imposanten zweigeschossigen Westfront öffnet sich ein weiter Platz mit wenigen kleinen Gebäude aus dem 17. und 19. Jh.
Makarios Birthplace: Zugang vom Makarios Historical & Cultural Centre aus, der Schlüssel ist dort während der Öffnungszeiten erhältlich.
Am meisten erstaunt die Ärmlichkeit des Elternhauses dieses modernen zypriotischen Nationalhelden. Fotos erläutern seinen Lebensweg. Er wurde hier 1913 geboren und einige Jahre später vom Vater ins Kýkko-Kloster gegeben. 1948 zum Bischof von Lárnaka gewählt, wurde er schon zwei Jahre später Erzbischof von Zypern. Ab 1960 war er dessen erster Präsident, 1977 starb er an einem Herzinfarkt.
Makarios Historical & Cultural Centre: An der Hauptstraße direkt am Makarios-Denkmal,
tgl. 9–13, 15–18 Uhr, Eintritt 0,50 €.
Ausstellung, überwiegend Fotos und Dokumente.

Oniró: Am Ortseingang an der Hauptstraße,
Tel. 26 72 24 34, Fax 26 72 29 74,
DZ ca. 63, Nov.–März 52 €.

Wohnen mit Flair

In immer mehr Binnendörfern Zyperns werden Apartments oder Zimmer in aufwendig restaurierten alten Dörfhäusern angeboten. In **Panagiá,** dem Geburtsort des Erzbischofs, ist ihre Zahl besonders groß. Das Archontikó tou Meletíou nahe dem Makarios III Historical Centre bietet drei Apartments und ein Studio in einem Natursteinhaus aus der Zeit um 1800 mit Innenhof und Garten. Im Paláti tou Xynári wohnt man in vier Apartments in einem 250 Jahre alten Haus mitten im Dorf. Schön ist auch das Apartment in Stélios House mitten im Dorf, das vom Balkon aus einen fantastischen Fernblick und im weinüberrankten Innenhof große Ruhe bietet.
Archontikó tou Meletíou: Tel. 26 30 50 11, Fax 26 24 73 95, www.agrotourism.com.cy, DZ ganzjährig ab 38 €.
Paláti tou Xynári: Tel. 26 61 46 73, Fax 22 33 98 49, www.agrotourism.com, DZ ganzjährig ab 79 €.
Stélios House: Tel. 26 72 23 43, Fax 26 25 03 37, www.agrotourism.com, DZ ganzjährig 48 €.

Modernes Hotel mit 17 Zimmern, zum Teil mit Panoramablick, Restaurant.

Paralímni (L 6)

Das alte Paralímni ist ein großes Dorf abseits der Küste, das sich selbst gern als ›Hauptstadt des freien Teils der Provinz Famagusta‹ bezeichnet.

An der Platía, dem größten Dorfplatz Zyperns, stehen drei Kirchen, ein Aussichtsturm sowie ein kleines Freilufttheater, in dem gelegentlich Konzerte und Folklore-Veranstaltungen stattfinden. Seit den 1980er-Jahren wächst Paralímni dem Meer entgegen, wo ein locker bebautes Hotelviertel entstanden ist. Ein besuchenswertes Ausflugsziel ist Paralímni auf keinen Fall, die Fahrt ins Dorfzentrum lohnt nur für Urlauber in der Nachbarschaft.

Sehenswert

Kirchen: Am Dorfplatz, unregelmäßig geöffnet. Die größte der drei Kirchen, die Ágios Geórgios geweiht ist, wurde in den frühen 90er-Jahren innen vollständig im traditionellen byzantinischen Stil ausgemalt. Die mittlere Kirche, ebenfalls dem hl. Georg geweiht, stammt aus dem 19. Jh. Die älteste ist die Panagía-Kirche, die schon während der Frankenherrschaft zwischen dem 13. und dem 15. Jh. erbaut wurde.

Sport & Strände

Sandige **Strandbuchten** von etwa 50 bis 300 m Länge reihen sich von Paralímni bis ans südliche Ende von Protarás fast nahtlos aneinander.
Tauchen: *Sea Eye Diving,* im Hotel Malàma Holiday Village, Tel. 23 74 20 98, www.seaeyedivingcy.com.
Shore Diving auf der Halbinsel Kap Gkreko, keine Kurse.

Maláma Holiday Village: Odós Poseidonos 13, Leofóros Kennedy, Tel. 23 82 20 00, Fax 23 82 56 77, www.malamaholidayvillage.com, DZ ganzjährig 48–102, 4-Bett-Apartment 96–244 €.
Architektonisch ansprechendes Feriendorf mit 154 Apartments für bis zu

fünf Personen. Pool, kleines Hallenbad, 50 m zum Strand. Frühbucherrabatt.

S.E.K. – The Working Man's Club: Platía Agíou Georgíou, Paralímni, Tasse Nescafé ca. 1,50, Hauptgerichte 5,50–9 €.
Recht preiswertes, vor allem von Einheimischen besuchtes Restaurant, mittags zypriotische und englische Küche.

Busse: Abfahrtsort für alle Busse ist die Platía Agíou Georgíou in Paralímni. Linie R1 fährt tgl. über Protarás zum Dome Hotel in Agía Nápa. Linie R.LC fährt Mo–Sa von Protarás und Paralímni nach Derýneia, Frénaros, Liopétri, Xylofágou, Dekéleia und Lárnaka. Linie R.NC fährt von Protarás und Paralímni Mo–Sa um 7 Uhr nach Nicosia, Rückfahrt ab Nicosia ist aber schon um 13.30 Uhr. Für diese Fahrt sollte man das Ticket im Voraus buchen (über das Hotel oder im Busbüro nahe der Platía in Paralímni).

Ziele in der Umgebung

Derýneia (L6): 4 km nördlich an der Demarkationslinie zum Nordteil Zyperns, nur etwa 3 km von Famagusta entfernt.
Beim **Cultural Centre of Occupied Famagusta** (Odós Evagórou 35, Mo–Fr 7.30–16.30, Sa 9–16.30 Uhr, Eintritt frei) kommt Berliner ›Maueratmosphäre‹ auf. Von hier blickt man durch bereitliegende Ferngläser und starke Teleskope hinüber zur verlassenen, heute von türkischen Truppen kontrollierten Hotelstadt Varóchia (Varósha), dahinter ist die durch den Anbau zweier Minarette in eine Moschee verwandelte gotische Kathedrale in der Altstadt von Famagusta zu erkennen. Wer will, kann sich auch zwei Videofilme (Spieldauer 8 und 25 Min.) zum Thema türkische Besatzung anschauen. Im Dorfzentrum ist das **Deryneia Folkloric Museum** (Odós Demétris Lipértis 2, tagsüber geöffnet, Eintritt ca. 1,80 €) in einem alten Bauernhaus einen Blick wert. Es zeigt, wie viele Zyprioten noch vor 70 Jahren lebten. Gut und stimmungsvoll essen kann man in der traditionellen **Taverne Fernági** nahe dem Museum in einem alten Natursteinhaus (Odós Athinón 2/Ecke Odós Dimokratías, Mo–Sa ab 18 Uhr, Mi oft Livemusik, Hauptgerichte ab 7,50, der Liter Hauswein 7 €).
Potamós tou Liopetríou und weitere Ziele: s. S. 44.

Pedoulás (D 7)

Das große Dorf am oberen Ende des fruchtbaren Maratása-Tals, dessen Häuser leider zumeist mit Wellblech gedeckt sind, ist das Zentrum des zypriotischen Kirschenanbaus. Das große weiße Kreuz hoch über dem Ort hat ein in Australien zu Wohlstand gelangter Dorfbewohner der Gottesmutter gestiftet.

Sehenswert

Kirche Archángelos Michaíl: Im unteren Ortsbereich nahe der modernen Dorfkirche, Schlüssel im Haus unmittelbar oberhalb der Michaels-Kirche, Spende erbeten.
In der Scheunendachkirche haben sich zahlreiche Wandmalereien aus dem Jahr 1474 erhalten.

Christy's Palace: An der Hauptstraße, Tel. 22 95 26 55, Fax 22 95 33 37, DZ 45–55 €.
Kein Palast, aber ein für eine Zwischenübernachtung ordentliches Hotel mit 21 Zimmern. WLAN verfügbar.

Abendstimmung über dem Dorf Pedoulás

Harry's Spring Water Restaurant: An der alten Straße vom Hotel Churchill Pinewood Valley ins Dorfzentrum, Tel. 22 95 22 40, tgl. ab 10 Uhr, Lammleber ca. 8,40, Lammkopf 7,60, Forelle 10,20, Bauernsalat als Hauptgericht 3,30 €. Uriges, schon 1934 gegründetes und noch immer sehr familiär geführtes Restaurant an einer Quelle mit außergewöhnlicher Auswahl, darunter auch Lammleber und Lammkopf.

Pétra tou Romioú (C 9)

Eine imposante Steilküste im Osten, die bis nach Koúrion reicht, und ein paar Felsbrocken im Westen, die unmittelbar vor dem Ufer im Wasser liegen, begrenzen die idyllische Kieselsteinbucht. An den ›Felsen der Aphrodite‹ soll die Liebesgöttin einst ›schaumgeboren‹ dem Wasser entstiegen sein. Wer die Legende, die dem Tourismus sehr förderlich ist, in Umlauf brachte, weiß niemand mehr. Hesiod, der die Geburt der Göttin in seiner ›Theogonie‹ schildert, nannte als Geburtsort ganz allgemein Zypern.

Pétra tou Romioú: Etwa 500 m östlich der ›Felsen der Aphrodite‹, erhöht über der Bucht gelegen, tagsüber geöffnet.
Kléftiko ca. 11,20, Moussaká 9,50 €.
Modernes Restaurant mit großer Auswahl und großer Panorama-Terrasse. Gute Kuchen- und Eisauswahl.

Pissoúri (C 9)

Pissoúri ist deutlich zweigeteilt. Das eigentliche Dorf bedeckt die Hänge eines Hügels am Rand einer fruchtbaren, hauptsächlich für den Weinanbau genutzten Hochebene. Es lockt mit einem der schönsten Dorfplätze der ganzen Insel. Das Pissoúri der Veranstalterkataloge aber liegt davon etwa 3 km entfernt direkt am Meer. Es besteht lediglich aus einem Hotel, mehreren Apartmenthäusern und einem Dutzend Tavernen.

Sport & Strände

Pissoúri Beach: Etwa 1300 m Sandkiesstrand, nur an wenigen Stellen mit Liegestühlen und Sonnenschirmen besetzt. Im westlichen Teil Fußgängern vorbehaltene Uferpromenade.
Columbia Watersports
Yiánnos & Día: Vor dem Columbia Pissoúri Beach Hotel.
Das Wassersportzentrum bietet auch Bootsausflüge mit schnellen Motorbooten zum Felsen der Aphrodite (ca. 21 €/Pers.) und entlang der Steilküste bis nach Koúrion (30 €/Pers.), bei denen man, wenn man Glück hat, noch Geier in den Lüften kreisen sehen kann.

Feste & Unterhaltung

Cyprus Nights: Zwischen Juni und Oktober finden an jedem Mittwochabend ab etwa 20 Uhr auf dem Dorfplatz von Pissoúri Folkoreabende statt. In welcher der Tavernen dort man derweil sitzt, ist gleich, denn die Show wird von ihnen allen gemeinsam organisiert. Platzreservierungen sind wegen der starken Nachfrage allerdings empfehlenswert, z.B. in der **Taverne Vráka,** Tel. 25 22 19 40, oder in der **Pissoúri Square Tavern,** Tel. 25 22 15 79 (Mezé in beiden Tavernen ca. 14 €).
Village Festivities: Etwa 25 Veranstaltungen zwischen April und Okt. auf der Platía oder im modernen Freilufttheater, Programmaushang auch auf Englisch vor dem Rathaus an der Platía.

Victoria The Good Heart: An der Platía des Bergdorfes, Tel. 25 22 11 82, DZ ca. 45 €.
Sechs klimatisierte Zimmer über der gleichnamigen Snack-Bar, sehr familiäre Atmosphäre.
Kótzias: Pissoúri Beach, am Straßenende kurz vor der Einfahrt zum Hotel Columbia Pissoúri Beach,
Tel. 25 22 10 14, Fax 25 22 24 49,
www.pissouri-accomodation.net,
DZ 245–50 €,
4-Bett-Apartments 45–50 €.
40 Apartments für 2 und 4 Personen in einer kleinen, strandnahen und gepflegten Anlage mit Pool.
Bunch of Grapes Inn: Bergdorf Pissoúri, gut ausgeschildert,
Tel. 25 22 12 75, Fax 25 22 25 10,
bogpisouri@hotmail.com, DZ Ü/F ca. 49 €.
Eins der stimmungsvollsten Hotels auf Zypern! Die 13 einfachen Zimmer in dem 100 Jahre alten Bau mitten im Dorf gruppieren sich um einen auf drei Seiten geschlossenen Innenhof mit

Maulbeerbäumen, Feigen, Palmen und Wein.

Columbia Resort:
Pissoúri Beach, Tel. 25 83 33 33,
Fax 25 22 15 05,
www.columbia-hotels.com,
DZ Ü/F ab 235,
Nov.–März ab 145 €.
Zwei unmittelbar benachbarte Strandhotels unter gleichem Management: das konventionelle Columbia Beachotel (ehemals Pissoúri Beach Hotel) und das neuere Columbia Beach Resort, das zu den exklusivsten Hotelanlagen und den architektonischen Highlights der Insel zählt. WLAN kostenlos.

Pissouriána: Am oberen Dorfrand, ausgeschildert.
Modernes Restaurant mit kleinem Pool auf einer Aussichtsterrasse, gute Parkmöglichkeiten direkt am Haus – und einer kulinarischen Besonderheit: Sonntags wird zwischen 12.30 und 15 Uhr ein echt englisches Sonntagsessen mit Sunday Roast und Yorkshire Pudding (ca. 13,60 €) geboten. Kostenloser WLAN-Zugang.

Platanistása (E 7)

Das abseits aller Hauptrouten gelegene Dorf besitzt keinerlei Sehenswürdigkeiten; man steuert es nur an, um den Schlüsselverwahrer für eine einsam außerhalb des Ortes gelegene Kirche abzuholen.

Auch echte Seebären gibt es auf Zypern noch – wie hier im Hafen von Potamós tou Liopetríou

Sehenswert

Kirche Stavrós tou Agiasmatí: 5 km außerhalb des Dorfs abseits der Straße nach Nicosia. Die Scheunendachkirche aus dem 15. Jh., die einst zu einem spurlos verschwundenen Kloster gehörte, ist mit Darstellungen von Heiligen und Kirchenvätern sowie 30 neutestamentarischen Szenen ausgemalt. Einzigartig sind die Bildfelder in einer Nische in der nördlichen Seitenwand. Sie stellen die Legende von der Auffindung des Kreuzes Christi durch Helena, die Mutter Kaiser Konstantins, dar. (In einem der Kaffeehäuser im Dorf nach dem Schlüsselverwahrer fragen, den man im Auto zur Kirche mitnehmen und auch wieder zurückfahren muss.)

Ziele in der Umgebung

Lagouderá (E 7): Von der Kirche Stavrós tou Agiasmatí führt ein gut ausgeschilderter Wanderpfad in ca. 2–3 Std. zum Dorf Lagouderá (s. S. 63). Er steigt zunächst steil an, führt dann über bewaldete Höhenkämme und senkt sich ins Tal hinab. Untwerwegs ist einmal ein kleines Geröllfeld zu überqueren, das Menschen mit Höhenangst Schwierigkeiten bereiten kann, jedoch völlig ungefährlich zu begehen ist.

Plátres (D 7)

Das aus den Ortsteilen Páno und Káto Plátres bestehende Doppeldorf, auf 1200 m Höhe unterhalb des Olymp gelegen, ist eine der beliebtesten Sommerfrischen der Insel und ihr bedeutendster Wintersportort. Viele wohlhabende Araber verbringen hier mit ihren Großfamilien die Sommermonate.

C.T.O.: Am Dorfplatz, Tel. 25 42 13 16

Lanterns: An der Hauptstraße von Páno Plátres, Tel. 25 42 25 99, DZ Ü/F ca. 48 €. Einfache Pension mit 15 Zimmern über einer Taverne.

Pendéli: Im Zentrum von Páno Plátres, Tel. 25 42 17 36, Fax 25 42 18 08, www.pendelihotel.com, DZ Ü/F ab 110, Nov.–März ab 65 €. 81 Zimmer und Suiten in einem Neubau, mit Pool und Sauna, WLAN.

Forest Park: In Páno Plátres ausgeschildert, Tel. 25 42 17 51, Fax 25 42 18 75, www.forestparkhotel.com.cy, DZ Ü/F 140, Nov.–März 100 €. Traditionsreiches Hotel im Wald, in dem die Atmosphäre der Kolonialzeit lebendig ist. Unbedingt Zimmer im Neubau verlangen! 137 Zimmer, Pool, schattige Terrasse, Tennisplatz.

Psílo Déndro: An der Umgehungsstraße von Páno Plátres, im Winterhalbjahr nur bis ca. 17 Uhr geöffnet, Mitte Nov.–Mitte Jan. geschl. Forelle mit Salzkartoffeln ca. 11,50 €. Waldlokal mit angeschlossener Forellenzuchtstation. Mittags kehren hier viele Reisegruppen ein. Eine Freude für Kinder: die zwischen den Tischen frei herumlaufenden Hühner.

Skylight: Im Zentrum an der Dorfstraße unterhalb des Hotels Pentéli, tgl. ab 11 Uhr, Mezé ca. 16, Spaghetti bolognese 5,20 €. Besonders gut für Familien geeignet: Zum Restaurant gehört ein kleiner Pool.

Yiolandel: An der Dorfstraße von der Platía Richtung Hotel Forest Park, tgl. ab 12 Uhr, hausgemachte Ravióli oder Canneloni ca. 9, Meze 14, Flasche Wein 11,50–23 €. Restaurant mit guter Küche, auch hausgemachte Kuchen.

In Städten sind knatternde Zweiräder ein beliebtes Fortbewegungsmittel

Busse: Nach Limassol Mo–Sa tgl. gegen 7 Uhr. Nach Kalopanagiótis, Pedoulás. Tróodos Mo–Sa 15 Uhr.

Ziele in der Umgebung

Tróodítissa-Kloster (D 7): 8 km außerhalb an der Nebenstraße nach Pródromos, für Touristen kein Zutritt. Die Gebäude des in 1200 m Höhe gelegenen Mönchsklosters stammen aus dem 19. und 20. Jh.

Von Páno Plátres aus kann man zu den **Caledonian-Wasserfällen** und auf den **Olymp** wandern; viele weitere Wanderwege sind rasch per Taxi zu erreichen. Info und Kartenskizzen beim C.T.O.-Büro.

Pólis (B 6)

Die 2000 Einwohner große Kleinstadt an der Ostküste hat ihren ländlichen Charakter trotz steigender Urlauberzahlen bewahrt. ›Entdeckt‹ wurde sie von deutschen Rucksacktouristen, die, in die Jahre gekommen, noch immer das Stammpublikum bilden. Mittelpunkt ist die kurze Fußgängergasse zwischen der Hauptkirche und der Platía mit der kleinen Markthalle; zum Baden geht man entweder westwärts an den langen, sich bis über Lakkí hinaus erstreckenden Kiesstrand oder zum Kieselsteinstrand am Rande eines Eukalyptus-Waldes.

Sehenswert

Archäologisches Museum:
Leofóros Arch. Makaríou,
April–Okt. Mo–Fr 10–13 und 14–18,
Nov.–März Mo–Fr 10–16, ganzjährig
Sa 10–13 Uhr, Eintritt ca. 1,80 €.
Funde aus dem antiken Stadtkönigreich Márion, dessen Zentrum das heutige Pólis war.

Sport

Go-Kart: Pólis Kart Circuit, 1 km außerhalb an der Straße nach Pómos,

Tel. 99 89 06 66, tgl. 11–23 Uhr, Erwachsene ca. 10 €/5 Min.
Go-Kart-Bahn, die auch über Elektro-Carts für 4- bis 10-Jährige verfügt.

Ausgehen

Costa's Corner: Odós Gríva Dighéni 6 (am nördlichen Anfang der gewundenen Dorfstraße), tgl. 10–2 Uhr, Brandy Sour ca. 2,50, Flasche Wein 8–10, Bauernsalat 3,50, englisches Frühstück 4,50 €.
Kleine Bar mit schönen Wandmalereien und schöner Terrasse. Wirt Costas und seine Frau María sind sehr gesprächsfreudig (auf Englisch); gespielt wird überwiegend Musik der 1970er- bis 1990er-Jahre.

City Club: Disco an der Fußgängerstraße, in der Hauptsaison tgl. außer Do ab 23.59 Uhr, sonst nur sporadisch Fr und Sa abends geöffnet.

C.T.O.: Odós Vas. Stasioíkou A' 2, Tel. 26 32 24 68, www.polis-municipality-cyprus.com

Costa's Plataniá: Am Ortsrand, Rezeption in der Bar Coasta's Corner am nördlichen Beginn der gewundenen Dorfstraße, Tel. 26 32 21 81, DZ im Mai ab ca. 45, im August ab 60 €, Preise verhandelbar.
8 klimatisierte Studios mit vierflammigem Gasherd in der Küchenzeile, 3 Min. von der Platía.

Weit geht der Blick von Pólis über die Chrysóchou Bay

Follow the Sun: Nahe der modernen Hauptkirche,
Tel. 26 32 15 43, Fax 26 32 21 13,
www.followthesun.com.cy,
DZ Winter ab 24, Sommer ab 55 €.
Freundlich und familiär geführte, kleine Anlage mit 15 Apartments. Pool in schönem Garten.

Bougainvilléa: Odós Vérginas 13 (Straße zum Campingplatz),
Tel. 26 32 16 84,
Fax 26 32 22 03,
www.bougainvillea.com.cy,
DZ ca. 55–70, Nov.–März 28–35 €.
Kleine, sehr gepflegte und freundliche Apartmentanlage mit Pool. 28 Wohneinheiten, 5 Min. vom Zentrum, 10 Min. vom Strand.

Natura Beach: 1400 m östlich des Stadtzentrums am Strand,
Tel. 26 32 31 11, Fax 26 32 28 22,
www.natura.com.cy, DZ Ü/F ca. 105–125, Nov.–März 70–85 €.
Das beste Hotel von Pólis liegt unmittelbar am Meer. Das umweltbewusst geführte Haus bietet seinen Gästen einen kleinen Pool und mehrmals wöchentlich kostenlose, geführte Naturerlebnis-Wanderungen. Man hat die Wahl zwischen 60 Zimmern im Haupthaus und fünf Villen mit separatem Villen-Pool.

Pólis Camping: Am Strand, gut ausgeschildert, Tel. 26 81 50 80,
Fax 26 81 50 81, nur März–Okt.,
3,50 € für Zelt oder Wohnmobil pro Tag plus 2,50 € pro Pers. und Tag.
200 Stellplätze in altem Eukalyptuswald, etwa 1 km vom Ortszentrum entfernt direkt am Strand.

Art Café Kivótos 3000: Zwischen Dorfplatz und Polizeirevier, Juli–Okt. Mo–Sa 17–24, Di–Sa auch 11–14; sonst Di–Sa 11–18 Uhr.
Vom deutsch-zyprischen Paar Tina und Sávvas Tamamoúnas geführtes Lokal mit Garten, viel Kunst innen und außen und sehr guten Kinderspielmöglichkeiten. Zu essen gibt es Kuchen, Waffeln, Eis und Yoghurt; Getränkespezialität ist der ›Soft Angel‹, eine alkoholarme Mischung aus Orangensaft, zyprischem Fílfa-Likör und Vanilleeis.

Moustakallis: 15 m unterhalb der Platía, von der Fußgängergasse aus zu sehen, tgl. ab 18 Uhr, Kléftiko ca. 10,50, Bauernsalat 5 €.
Taverne mit frischen Blumen auf dem Tisch, freundlicher Service, nach dem Essen Brandy, Oúzo oder Likör auf Kos-

ten des Hauses und einen Handschlag vom Kellner.

Busverkehr mit Páfos Mo–Fr mindestens 10 x tgl., Sa 6 x tgl., mit Pómos Mo–Fr 4 x tgl., Sa 3 x tgl.

Ziele in der Umgebung

Pachíammos (C 5): Unterhalb der Hauptstraße von Pólis nach Káto Pyrgos steht auf einem Felsplateau über dem Meer das jüngste Pilgerziel gläubiger Zyprioten, eine erst Mitte der 1990er-Jahre erbaute Kirche. Sie ist dem jüngsten Heiligen der griechischen Orthodoxie, dem heiligen Raffaíl, geweiht. Ihm werden besondere Heilungskräfte bei modernen Massenkrankheiten wie Krebs nachgesagt. Die Kirche ist innen vollständig mit großformatigen Wandmalereien ausgeschmückt, die die Lebensgeschichte des Heiligen erzählen.

Páno Pyrgos (C 5): Das 3 km südlich des Küstenortes Káto Pyrgos am Hang des Tróodos gelegene Dorf Páno Pyrgos ist das Zentrum der zypriotischen Holzkohlengewinnung. Vor allem im Sommer, wenn es trocken ist und wenig Wind weht, sind hier Dutzende von Kohlenmeilern in Betrieb. Im extrem einfachen Kafenío an der Hauptstraße wird der wohl preiswerteste Mokka der Insel verkauft: Hier zahlt man für ein Tässchen nur 40 Cent.

Touristisches Neuland

Zypern ist noch nicht total vom Tourismus erfasst. Östlich von Pólis gibt es zwar noch gute Strände, aber so gut wie keinen ausländischen Tourismus. Dabei finden Entdeckernaturen hier durchaus angenehme Hotels, urige Tavernen und vor allem Dörfer, die überhaupt nicht vom Fremdenverkehr geprägt sind.
In **Káto Pyrgos** (C 5) mit einem 3 km langen Kieselsteinstrand beispielsweise wohnt man gut im Strandhotel Týlos Beach oder im über einer 300 m langen Grobsandbucht gelegenen Hotel Pyrgos Bay. Tavernen fürs Abendessen findet an der Hauptstraße und im Hochsommer auch am Krioneri Beach nordöstlich des Dorfzentrums.
Týlos Beach: Káto Pyrgos, Tel. 26 52 23 48, Fax 26 52 21 36, www.tyloshotel.com.cy, DZ 38–42 €.
Pyrgos Bay: 2 km westlich von Káto Pyrgos, Tel. 26 52 20 00, Fax 26 52 26 18, DZ Ü/F ca. 38–48 €/l.

Politikó (G 6)

An der Stelle des Dorfs am Rand der Mesaória-Ebene lag in der Antike das Zentrum des Stadtkönigreiches Tamassós, das wegen seines Kupferreichtums gerühmt wurde.

Sehenswert

Kloster Ágios Iraklídios: Am oberen Ortsrand, gut ausgeschildert, tagsüber geöffnet, 12–15 Uhr geschl., Eintritt frei.
Der Innenhof des Nonnenklosters ist ein Paradiesgarten für Blumenfreunde. Ältester Teil des Klosters ist die Kreuzkuppelkirche im Südosten (14. Jh.), entstanden über den Fundamenten einer frühchristlichen Basilika. In ihr führt eine Treppe in eine Höhle hinab, in der der hl. Iraklídios, erster Bischof von Tamassós, begraben worden sein soll. Im nördlichen Schiff der Klosterkirche wird

seine Schädelreliquie verehrt. Im Klosterladen kann man Marzipan kaufen, das die Nonnen selbst herstellen.
Königsgräber von Tamassós: Kurz vor dem Ortsanfang gut ausgeschildert, Di–Fr 9–15, Sa/So 10–15 Uhr, Eintritt ca. 1,80 €.
Zwei recht bescheidene Königsgräber aus der Zeit um 630 v. Chr. ahmen in Stein die Holzarchitektur jener Zeit nach. Deutlich zu erkennen sind die Scheinfenster und -türen; die Decke wirkt, als würde sie von Balken getragen.

Protarás (M 6)

Noch immer liegen rote Äcker, auf denen Windräder Grundwasser pumpen, zwischen den vielen Hotels und Neubauten der Gemarkung Protarás, in der noch vor 15 Jahren nur einige Bauernhäuser standen. Heute reiht sich eine ganze Hotelstadt entlang den vielen Sandstrandbuchten.

Sehenswert

Kirche Profítis Ilías: Von der weithin sichtbar auf einem niedrigen Fels westlich der Hauptstraße gelegenen Kapelle hat man einen schönen Blick auf diese Küstenregion. Neben der Kapelle steht einer der auf Zypern mehrfach zu findenden Wunschbäume: Zahllose Stoffstreifen sind an seine Äste geknotet. Was man sich beim Festbinden wünscht, soll in Erfüllung gehen, wenn der Streifen zerfallen ist.
Magic Dancing Waters: Am nördlichen Ende der verkehrsberuhigten Straße durchs Hotelviertel, Zugang neben McDonald's, Tel. 99 62 31 43, tgl. 21 Uhr, Eintritt 12 €.
18 400 Düsen und 480 Scheinwerfer sorgen für spritzige, bunte Wasserspiele, die Musikuntermalung dazu stammt von Bach und Beethoven, Míkis Theodorakis, Tom Jones u. a.
Glasbodenboote ab Flamingo Beach unterhalb des Hotels Odessa. Weitere Ausflugsziele unter Agía Nápa, s. S. 40, und Paralímni, s. S. 90.

Sport & Strände

Verschieden große, sandige Strandbuchten von der Kónnos Bay im Süden bis nach Paralímni hinauf. Wassersport ist an vielen Stränden möglich, u. a.:
Tauchen: *Herbie's Diving Paradise,* Odós Pernerá 36, Pernerá/Protarás, Tel. 23 81 42 92, Fax 23 81 42 93, www.herbiesdiving.com.
Deutsch- und englischsprachige Kurse für Anfänger und Könner, auch einzelne Tauchgänge buchbar.
Mike's Water Sports: Kónnos Bay, Tel. 99 60 58 33, www.mikeswatersports.com, Speedboats mit 50 PS 70€/Std., Wasserski 18 €/Runde, Jet Bikes 35 €/15 Min., Tretboote 14 €/Std.
Mythology Luna Park: Am südlichen Ende der verkehrsberuhigten Straße durchs Hotelviertel, tgl. 16–24 Uhr.
Verschiedene Fahrgeschäfte, überwiegend für Kinder konzipiert.
Reiten: Moonshine Ranch im Hinterland der Kónnos Bay, Tel. 99 60 50 42, Ausritt zum Kap Gkreko ca. 30 €.

Ausgehen

Mehrere Clubs und Discos liegen an der verkehrsberuhigten Einbahnstraße durch das Hotelviertel. Besonders ›in‹ ist die **Boogies Club** mit Musik der 70er- und 80er-Jahre und Hits von heute (tgl. 1–5 Uhr).
Sfinx Bar: Protarás-Cavo Greco Boulevard (an der Hauptampelkreuzung), Tel. 23 83 12 77, www.sfinxbar.com, tgl. ab 10 Uhr.

Einen Überblick gewinnen

In allen vier großen zypriotischen Städten unterhält der **Cyprus Handicraft Service** Läden, die einen guten Überblick über das einheimische Kunsthandwerkangebot bieten. Die Auswahl ist allerdings relativ gering, private Souvenirgeschäfte offerieren oft ein sehr viel größeres Sortiment. Trotzdem lohnt es sich, die halbstaatlichen Läden des Handicraft Service einmal zu besuchen. Hier nämlich sind die Waren mit fairen Preisen ausgezeichnet. So kann man sich orientieren, was Souvenirs kosten dürfen, die einem gefallen.

Luftige, ganz auf altägyptisch getrimmte Bar, in der man auch eine Wasserpfeife rauchen kann.

Rockafella's Pub: Im Zentrum der verkehrsberuhigten Hauptstraße durchs Hotelviertel, Happy Hour tgl. 18–21 Uhr, Singapore Sling 3,60, Pint Fassbier 2,40, Gammon Steak Hawaii (eine Art Kassler mit Ananas) 8,50 €.
Die Freiluft-Karaoke-Bar ist immer gut besucht, was für die Ohren manchmal schmerzhaft ist.

C.T.O.: Leof. Protrá-Kap Gkréko 356 (Umgehungsstraße), Tel. 23 83 28 65.

Happy Days: An der verkehrsberuhigten Hauptstraße durchs Hotelviertel, Tel. 23 81 40 10, Fax 23 82 07 56, DZ Ü/F im Mai ab ca. 25–45, im August ab ca. 70 €, Klimaanlage 7–16 €/Tag extra.
Familiär geführtes Haus mit 14 Apartments, Taverne, Pool, ca. 100 m vom nächsten Strand. Supermarkt im Haus.

Louis Nausicaa Beach: Fig Tree Bay, Tel. 23 83 11 60, Fax 23 83 15 19, www.louishotels.com, DZ April–Okt. ab ca. 170 €, im Winter geschl.
Ganz ruhig auf einer kleinen Halbinsel nur etwa 150 m vom Strand der Feigenbaumbucht, zwei Pools, Tennis, Health Club mit Sauna, architektonisch sehr ansprechend. 185 Apartments.

Mikrolímano: Nahe dem Fischereihafen an der Zufahrt zum Hotel Golden Beach, Tel. 23 83 36 80, Hauptgerichte 7,50–18, Mezé 13–18 €.
Restaurant mit Windrad auf der Terrasse. Angeboten wird gutes Mezé, frischer Fisch und viele Suppen.

Piero's: Protarás-Cavo Greco Boulevard (am westlichen Ortsende Richtung Kap Greco), tgl. ab 12 Uhr, Hauptgerichte ab 7,50 €.
Stimmungsvolle kleine Taverne, einfache hausgemachte Gerichte, Terrasse unter dem Blätterdach eines etwa 25 Jahre alten Weinstocks.

Siréna Bay: An der gleichnamigen Bucht im Norden von Paralímni-Protarás, Mai–Okt. tgl. ab 9 Uhr, Hauptgerichte 11–17, Fisch-Meze ca. 19, großes Fassbier 3,20 €.
Eine der urigsten Tavernen an Zyperns Küsten, direkt am Ufer. Wirtin Iríni ist Hobbypoetin und hat alle Bäume auf der Terrasse selbst gepflanzt, ihr Mann ist Hobbymaler und -bildhauer und sorgt für die Deko. Man vermietet auch einfache Zimmer (ca. 55 €).

Perla Blu: An der Straße durchs Hotelviertel, Nr. 46, tgl. 17–23 Uhr, Hauptgerichte ab 9 €.
Internationale Küche und Exotisches wie Strauß, Krokodil oder Känguru.

Pýla (K 6)

Pýla liegt in der von den Vereinten Nationen verwalteten Pufferzone zwischen den beiden Inselteilen. Deswegen wohnen hier noch griechische und türkische Zyprioten gemeinsam im selben Dorf. Kirche und Moschee wetteifern um die größere Pracht, während auf dem Dach der Taverne am Dorfplatz UN-Soldaten Wache halten. Im türkischen Kaffeehaus gegenüber wird Efes-Bier aus der Türkei getrunken, in den Läden stehen Waren aus dem Norden Zyperns zum Verkauf. Die türkischen Zyprioten gehen zumeist in Famagusta zur Arbeit, die griechischen in Lárnaka.

Pétros: Am Dorfplatz, Hauptgerichte 7–12 €. Seinen frischen Fisch bezieht Pétros, der Wirt der ältesten Dorftaverne, meist aus Famagusta. Wilden grünen Spargel serviert er mit Rührei; oft offeriert er auch gekochte Schnecken.

Stavrós tis Psókas (C 6)

Im Zentrum der ausgedehnten Wälder im westlichen Tróodos-Gebirge liegt diese kleine Forststation mit einem großen Grillplatz, einem einfachen Kafenío und einem Gehege, in dem man die ansonsten sehr scheuen Mufflons zu Gesicht bekommt, Zyperns Wildschafe.

Forest Station Rest House: Tel. Tel. 26 72 23 38 u. 26 33 21 44, Reservierung empfehlenswert. Rasthaus und Jugendherberge.

Beim Tavla-Spiel im Kafenío der türkischen Zyprioten von Pýla

Im Kloster Agía Várvara malt man Ikonen wie vor tausend Jahren

Stavrós tis Psókas: An der Straße unmittelbar über einem großen, schattigen Picknickplatz, tgl. ab 7 Uhr, Omelette ca. 4,50, Kotelett 6 €.
Kafenío und Restaurant zugleich, vor allem für die Versorgung der hier tätigen Forstleute gedacht.

Stavrovoúni (H 7)

Weithin sichtbar ragt aus der Küstenebene von Lárnaka ein kegelförmiger Berg fast 700 m auf, auf dessen Gipfel man ein Kloster erkennt. Eine Asphaltstraße führt serpentinenreich hinauf.

Sehenswert

Kloster Agía Várvara: Tagsüber frei zugänglich. Zutritt für Frauen nur sonntags. Das Kloster, das am Fuß des Berges Stavrovoúni liegt, ist ein Landgut des Gipfelklosters. In dem Klostergarten wird Lotus gezüchtet, und die Mönche verkaufen Honig und Oliven. Gegenüber dem Kloster malt ein Mönch in seinem Atelier Ikonen auf traditionelle Weise.

Kloster Stavrovoúni:
April–Aug. tgl. 8–12, 15–18, sonst 8–12 und 14–17 Uhr, Eintritt frei. Für Frauen kein Zutritt!
Die Gebäude des im Jahre 327 gegründeten Klosters stammen etwa von 1890. Größter Schatz der Mönche ist ein Splitter vom Kreuz Christi, den die Kaisermutter Helena der Legende nach für die Klostergründung stiftete, als sie auf der Rückfahrt vom Heiligen Land nach Konstantinopel auf Zypern Station machte.

8

Highlight

Tróodos (D 7)

In 1700 m Höhe ist es auch auf Zypern im Sommer angenehm kühl, bis zum April kann hier noch Schnee liegen. Deswegen ist diese Sommerfrische ohne richtigen Ortscharakter bei zypriotischen Urlaubern beliebt. Im Winter ist man hier den Skipisten des Olymp am nächsten.

Sehenswert

Troodos Visitor Centre: Unterhalb der Platía neben den Tennisplätzen und dem Restaurant Dolphin, Tel. 25 42 01 44, tgl. 10–16, Nov.–April bis 14 Uhr, Eintritt 1 €. Kleine Ausstellung zu Geologie und Botanik des Tróodos-Gebirges mit Vorführung eines 10-minütigen Videos. Im Garten ein 250 m langer, Latein, Griechisch und Englisch beschrifteter botanisch-geologischer Naturlehrpfad.

Sport & Strände

In Tróodos beginnen mehrere Naturlehrpfade. Es gibt Tennisplätze und im Hochsommer auch kurze geführte Ausritte zu Pferd (6 €/10 Min.). Im Hotel Jubilee werden Mountainbikes verliehen (18 €/Tag).

Youth Hostel: An der Platía, Tel. 25 42 24 00, nur April–Okt. geöffnet.
Jubilee: An der Straße von Tróodos zum Olymp, Tel. 25 42 01 07, Fax 25 67 39 91, www.jubileehotel.com, DZ Ü/F 62–90, April/Mai 50 €. Ganz ruhig am Waldrand gelegenes Kolonialstil-Hotel mit 37 Zimmern.

Dolphin: Unterhalb der Platía rechts der Straße nach Plátres, tgl. ab 12 Uhr, Büfett 14, Forelle 14, Bauernsalat 8 €. Modernes Restaurant, große Auswahl.

Ziele in der Umgebung

Olymp (D 7): Auf den höchsten Berg Zyperns (1951 m) führt zwar eine Straße; das Gipfelareal ist jedoch militärisches Sperrgebiet. Es lohnt nicht, hinaufzufahren.

Tsáda (B8)

Zyperns erster Golfplatz nimmt ein ganzes Hochtal ein. Es ist vielleicht der einzige Golfplatz der Welt, auf dem ein Kloster steht.

Sport & Strände

Golf: *Tsáda Golf Club,* Tel. 26 64 27 74, Fax 26 64 27 76, www.cyprusgolf.com
Der Golfclub, 1995 eröffnet, steht allen Golfspielern offen. Im Clubhaus gibt es ein Restaurant, eine Driving Range steht zur Verfügung. Der Platz hat 18 Löcher, Par 72, Länge 6050 m.

Zedern-Tal (C 7)

Im Cedar Valley im Westen des Tróodos-Gebirges gedeiht dank der Voraussicht der britischen Kolonialverwaltung Zyperns letzter großer Zedernwald. Etwa 40 000 Bäume der endemischen Unterart Cedrus brevifolia, einer engen Verwandten der Libanon-Zeder, wachsen hier. Den schönsten Eindruck davon erhält man, wenn man von der Forststraße zwischen dem Kýkko-Kloster und Stavrós tis Psókas auf einem ausgeschilderten Weg in etwa einer Stunde auf den Gipfel des 1362 m hohen Berges Trípylos hinaufwandert.

Extra-

Fünfmal Zypern – ob Nord, ob Süd

1. Byzantinisches Zypern: Tagestour zu den schönsten Inselkirchen
2. Wandern am Olymp: Zwei leichte Touren auf Naturlehrpfaden
3. Nach Kerýneia, Bellapais und St. Hilarion in Nordzypern

Alle Touren sind auf dem großen Faltplan eingezeichnet

Touren

4. Nach Sálamis und Famagusta in Nordzypern
5. Unbekanntes Nordzypern: Eine Fahrt durchs Kerýneia-Gebirge und auf die Karpass-Halbinsel

Tour 1

Mit den Gläubigen zur Liturgie versammelt: orthodoxe Heilige

Byzantinisches Zypern

Tagestour zu den schönsten Inselkirchen

Diese Tour unternimmt man am besten von Nicosia oder Lárnaka aus. Wenn man von Limassol aus fährt, beginnt man mit der ersten Besichtigung in Pedoulás und fährt von Kakopetriá wieder zurück. Auf jeden Fall sollte man früh aufbrechen, da manche Kirchen mittags geschlossen sind.

Kirchturm und Moschee

Auf der Fahrt von **Nicosia** (G 5) durch die Mesaória-Ebene Richtung Tróodos kann man einen Abstecher nach **Peristeróna** (F 5) machen. Der Kirchturm der Hilárion-Kirche und das Minarett einer Moschee stehen hier wie symbolisch nebeneinander, obwohl die türkischen Dorfbewohner schon 1963 ihre Heimat verließen. Das Gotteshaus aus dem 10. Jh. mit fünf archaisch anmutenden Kuppeln ist eins der ältesten der Insel, die Holztür am Westeingang stammt wohl aus der Entstehungszeit. Das Kaffeehaus am Kirchplatz ist eins der ursprünglichsten der Insel.

Schmunzeln in Vyzakiá

8 km hinter Peristeróna zweigt eine schmale Straße durch leicht gewelltes Hügelland voller Getreidefelder in Richtung Süden ab. Sie passiert das kleine Dorf **Vyzakiá** (E 6) und senkt sich dabei in ein Bachtal hinab. 30 m nach der Brücke liegt rechts unterhalb der Straße in einem Olivenhain versteckt das idyllische **Kirchlein der Erzengel** aus dem 16. Jh., das man aus Zeitgründen aber besser nur von außen betrachtet. Wenn Sie diese Tour auf zwei Tage angelegt haben oder das Kirchlein zufällig gerade offen steht, lohnt sich auch die Innenbesichtigung. Hier ist nämlich ein einzigartiger Zyklus von Wandmalereien erhalten. Viel Geld stand für die Ausmalung wohl nicht zur Verfügung. Deswegen wurde ein wenig gewandter Maler damit beauftragt, der mit der orthodoxen Okonografie zwar etwas vertraut war, dessen Malstil jedoch bestenfalls als volkstümlich zu bezeichnen ist. Schauen Sie sich z. B. die Nasen der Figuren an, insbesondere die der zwei wichtelähnlichen Soldaten in der Darstellung der Gefangennahme Christi: Der Maler kannte offenbar die überlangen, feinen Nasen der klassischen byzantinischen Malerei, vermochte jedoch selbst nur äußerst unförmige Gesichtserker hervorzubringen.

Hohe Kunst in Asínoú

Vorbei an Nikitári gelangt man zur Marienkirche von **Asínou** (E 6; s. S. 48), etwa 2 km außerhalb des Dorfes völlig einsam in der Berglandschaft. Die hervorragend erhaltenen Wandmalereien der **Panagía Forviótissa** aus dem 12.–15. Jh. vermitteln den allerbesten Eindruck vom Bildprogramm in byzantinischen Gotteshäusern. Hier waren erstklassige Maler an der Arbeit, die ihr Handwerk vielleicht sogar in der byzantinischen Hauptstadt Konstantinopel erlernt hatten. Man bemerkt das an der Feinheit der Gesichter, Eleganz der Gewänder und harmonischen Komposition der biblischen Szenen.

Im Soléa-Tal

Zurück zur Hauptstraße fährt man in Nikitári an der Dorfkirche weiter geradeaus und dann Richtung Tróodos. Hinter der Abzweigung nach Kalopanagiótis steigt die Straße nun im üppig grünen **Soléa-Tal** (E 6) sacht bergan. Nach gut 7 km ist rechts unterhalb der Straße deutlich eine große **Scheunendachkirche** (s. S. 53) zu erkennen. Steht ein Touristenbus in der Nähe, ist der Schlüsselverwahrer anwesend; sonst fragt man nach ihm in einem der Kaffeehäuser in **Galáta** (E 6; s. S. 53), dem nächsten Dorf. Die Kirche, die man von der Hauptstraße aus sehen kann, ist die **Panagía tis Podýthou;** auf dem Weg dorthin passiert man die unscheinbare Kirche **Archángelos Michaíl**.

Durch das Dorf Galáta kann man nun an weiteren kleinen Scheunendachkirchen vorbei zur Platía von **Kakopetriá** (E 7) weiterfahren. Der historische Ortskern mit seinen Souvenirhändlern lohnt einen Bummel, die Tavernen sind für das Mittagessen empfehlenswert.

Das Marathása-Tal

Von Kakopetriá aus geht es weiter in Richtung Tróodos (D 7; s. S. 105) und von dort über Pródromos und Pedoulás nach **Moutoullás** (D 7), einem großen Dorf im grünen Marathása-Tal, das fast ganz Zypern mit Mineralwasser versorgt. Auf jeden Fall sollte man beim Haus an der Durchgangsstraße im unteren Ortsteil halten, vor dem die langen Dschoudschoúko-Würste hängen: Sie bestehen aus eingedicktem Traubensirup, der an Bindfäden getrocknet ist, auf die zuvor Mandeln oder Nüsse gezogen wurden (s. auch S. 56).

Den Abschluss des Tages bildet ein Besuch im Kloster Ágios Ioánnis Lampadistís in **Kalopanagiótis** (D 7) mit einem besonders fotogenen Ensemble von Klosterkirche und Klostergebäuden.

Tour-Info

Länge der Rundfahrt: ca. 185 km, Zeitbedarf ab und bis Nicosia mindestens 12 Std. Wer lieber gemächlich reist, dehnt die Tour auf zwei Tage aus und übernachtet in Kakopetriá, Tróodos Pródromos, Pedoulás oder Kalopanagiótis.
Trinkgelder und Spenden: Die Schlüsselverwahrer und Priester erwarten ein Trinkgeld, bei dessen Übergabe Feingefühl angebracht ist. Am besten übergibt man es dezent ohne Publikum. Ein Betrag von mindestens 2 € pro Besuchergruppe ist angebracht. Gegen den Kauf und das Entzünden von Kerzen hat niemand etwas einzuwenden.
Parken: Vor allen Kirchen bestehen gute kostenlose Parkmöglichkeiten. In Kakopetriá parkt man am besten kostenlos auf dem ausgeschilderten Großparkplatz, 200 m von der Platía entfernt.

Tour 2

Auch eine Möglichkeit: mit dem Esel ins Tróodos-Gebirge

Wandern am Olymp

Zwei leichte Touren auf Naturlehrpfaden

Auf zwei Naturlehrpfaden, die in Zyperns höchstgelegener Siedlung Tróodos beginnen, kann man ohne große Anstrengung die ganze Schönheit der Berge Zyperns kennen lernen und genießen. Man kann wahlweise eine der beiden Halbtageswanderungen unternehmen oder sie zu einer Ganztageswanderung kombinieren.

Der Atalante Trail

Der **Atalante Trail** ist ein breiter, gut markierter Weg, der den Olymp fast eben auf 1750 m Höhe zu drei Vierteln umläuft. Das erste Viertel muss man jedoch auf einer Asphaltstraße zurücklegen. Man folgt dafür in Tróodos dem Wegweiser nach Pródromos. Die Abzweigung auf den Olymp lässt man links liegen und gelangt so nach etwa 40 Min. zum gut markierten Beginn des Naturlehrpfads. Er führt zunächst durch Wald. Nummerierte Holzpfosten machen auf Sehenswertes aufmerksam. So ist Nummer 53 eine vom Blitz getroffene Schwarzpinie, Nummer 48 ein Aussichtspunkt, von dem aus man das **Kýkko-Kloster** in der Ferne und in der Nähe das Dorf **Pródromos** mit dem markanten Ex-Hotel Berengária auf einem Hügel über dem Ort erkennt. Der Wald lichtet sich, man passiert jetzt viele, bis zu 600 Jahre alte Wacholderbäume, die an ihren Beeren ja gut zu erkennen sind. Der älteste (Nummer 40) ist über 12 m hoch und hat einen Stammdurchmesser von 120 cm.

Nach etwa 40 Min. Gehzeit liegt links der Eingang zu einem **Bergwerk,** in dem 1950–54 und 1973–82 etwa 1500 t Chromerz abgebaut wurden. Die Stollendecke ist heute brüchig; man sollte bestenfalls einige wenige Schritte in die Mine hineingehen. Wie Chromerz aussieht, erkennt man bei Nummer 36 und 30. Hier sind schwarze, metallfarbene Chromitkörner in orangebraunem Dunit mit glatter und ebenfalls orangebraunem Harzburgit mit rauer Oberfläche eingeschlossen.

Beim Aussichtspunkt Nummer 28 kann man bei klarer Sicht bis hinunter nach **Pissoúri** und zur Halbinsel **Akrotíri** schauen. Nummer 22 ist ein Erdbeerbaum, der im Herbst den Erdbeeren ähnliche, aber nahezu geschmacklose Früchte trägt. Imposant sind die glatten, rötlichen Stämme dieses Gewächses.

Vom Aussichtspunkt Nummer 20 aus sind die Weinbauerndörfer **Koiláni** und **Ómodos** am gegenüberliegenden Berghang zu sehen. Nummer 15 markiert einen 1962 angelegten Forst mit den auf Zypern beheimateten Zedern

(Cedrus brevifolia, kurzblättrige Zeder), die denen im Libanon ähneln.

Wo der Atalante-Naturlehrpfad in Tróodos endet, kennzeichnet die Nummer 2 einen aus Nordamerika eingeführten Mammutbaum, Nummer 1 eine 400 Jahre alte Schwarzkiefer, Nummer 3 ist eine ausgewachsene Zeder.

Von Tróodos nach Páno Platres

Nach einer ausgiebigen Mittagspause im Bergdorf **Tróodos** (s. S. 105) kann man nun die Wanderung fortsetzen, deren Ziel der Ort **Páno Plátres** ist. Die Strecke führt über die aneinander anschließenden Naturlehrpfade Perséphone und Caledónia/Krýo Neró, die aus etwa 1700 m Höhe auf 1200 m absteigen. Der erste Teil besteht überwiegend aus Waldwegen. Im zweiten Teil folgt man einem schönen Pfad, der mehr als zwanzigmal einen kleinen Bach auf Trittsteinen überquert. Ersatzsocken mitzunehmen ist daher vielleicht keine schlechte Idee. Das Wasser des Bachs ist glasklar, manchmal sieht man darin sogar Forellen.

Der Beginn des **Persephone Trail** ist in Tróodos ausgeschildert. Vom Aussichtspunkt Nummer 17 aus überblickt man gut eine landschaftsverschandelnde, erst in den 1990er-Jahren völlig stillgelegte Asbestmine, die wieder aufzuforsten noch Jahre in Anspruch nehmen wird. Nach etwa 45 Min. überquert der Pfad eine breite Forststraße, der man nun nach rechts folgt.

Nach knapp 2 Std. Gehzeit beginnt links der **Caledonia/Krýo Neró Trail**. Zur Rast bietet sich der Wasserfall **Caledonian Falls** an, der aus etwa 15 m Höhe eine Felswand hinunterstürzt. Im Hochsommer und Herbst ist er meist nur ein Rinnsal, im Frühjahr weitaus eindrucksvoller. Sein Name hat nichts mit dem manchem vielleicht aus der griechischen Herakles-Sage bekannten Kaledonischen Eber zu tun: Ein britischer Kolonialoffizier fühlte sich durch den Wasserfall so sehr an seine schottische Heimat erinnert, dass er den Fällen den antiken römischen Namen für Schottland gab – Caledonia.

Wer müde ist, kann von hier aus auf einer breiten Waldstraße in etwa 45 Min. zum Ziel gelangen. Schöner ist freilich der Pfad, der entlang des Bachufers weiterführt und ebenfalls an der Forellenzuchtstation **Psiló Déndro** am Ortsrand von Páno Plátres endet. Da kann man sich unter schattigen Bäume erst einmal erholen, bevor man den restlichen Kilometer bis ins Ortszentrum weitergeht.

Tour-Info

Wanderzeit: ca. 3 Std.
Atalante Trail: Die 12 km lange Rundwanderung (davon 3 km auf Asphalt) beginnt und endet in der Siedlung Tróodos. Wer in Páno Plátres übernachtet, kann von dort morgens mit dem Linienbus (nach Nicosia) bis Tróodos fahren und dort auch nachmittags wieder für den Rückweg zusteigen, falls er nicht zu Fuß nach Páno Plátres wandert. Fahrplanauskünfte in den Hotels oder bei der Tourist Information.
Persephone und Caledonia/Krýo Neró: Die ebenfalls 12 km lange Wanderung auf den beiden Pfaden führt von der Siedlung Tróodos nach Páno Plátres. Wer den Mietwagen in Tróodos geparkt hat, kann dorthin nur zu Fuß oder mit dem Taxi zurückgelangen.

Tour 3

So nah und doch so fern: der Hafen von Girne/Kerýneia

Drei Highlights an einem Tag

Eine Tagesfahrt in den türkischen Teil der Insel

Auf dieser Doppelseite ist kein Fehler unterlaufen: hier erlebt man wirklich drei Höhepunkte Zyperns an einem Tag. Noch mehr hat man von dieser außergewöhnlichen Landschaft, wenn man mindestens eine Nacht bleibt.

9

Highlight

Die Burg St. Hilarion

Kurz nach Überqueren der Passhöhe zwischen Nicosia und Kerýneia führt links eine Straße bergauf, die nach Durchqueren eines türkischen Militärgeländes vor einer der drei von den Lusignans im Kerýneia-Gebirge errichteten Burgen endet. Ihre zinnengekrönten und mit halbrunden Türmen gespickten Außenmauern umschließen einen 700 m hohen Felsen, auf dem weitere, dort rechteckige Türme aufragen. In halber Höhe stehen Ruinen palastähnlicher Bauten, in denen es auch ein einfaches Café gibt. Von hier aus ist der Blick auf Kerýneia, die Küste und das Gebirge einfach fantastisch schön. An klaren Wintertagen kann man sogar die anatolische Küste sehen.

10

Highlight

Zyperns Perle: Kerýneia

Die Mittagszeit verbringt man während eines Tagesausflugs am besten in Kerýneia.

Das Städtchen, das die Türken Girne nennen, versprüht den Charme der Cote d'Azur. Von den Tavernen am kleinen, mittelalterlichen **Hafen** fällt der Blick auf die mächtige venezianische **Festung**, in der im **Schiffswrack-Museum** ein antikes Schiffswrack mitsamt seiner Ladung ausgestellt ist. Es sank um 300 v.Chr. vor der Hafeneinfahrt und wurde 1969 von amerikanischen Unterwasserarchäologen geborgen. An Bord des über 14 m langen Bootes fanden sie 400 Weinamphoren, 29 steinerne Getreidemühlen und 9000 Mandeln in verschiedenen Krügen. Die Gassen der noch immer von ihren mittelalterlichen Mauern umgebenen Altstadt sind nahezu autofrei; hier macht das Bummeln Spaß. Kerýneia war bis 1974 eine multikulturelle Stadt, in der etwa 3200 griechische und 1000 türkische Zyprioten mit jeweils etwa 30 Armeniern und Maroniten sowie über 400 Ausländern friedlich zusammenlebten. Heute wird hier der Einfluss von Siedlern und Touristen vom türkischen Festland besonders deutlich spürbar. Das merkt man besonders deutlich im unmittelbar an den Hauptplatz vor der Altstadt angrenzenden Marktviertel mit seinen einfachen Grillstuben, Teesalons und Geschäften.

Highlight 11

Gotik pur: Bellapaís

Zum krönenden Abschluss dieses Tagesausflugs gerät ein Besuch im 6 km entfernten Dorf, das die Türken Beylerbey nennen. Hier hat die französische Gotik ein Exil zwischen Palmen und Zypressen gefunden. Am Rande des noch sehr ursprünglich gebliebenen Dorfes ragen die mächtigen, graubraunen Mauern einer Abteiruine bis unters ehemalige Dach auf, grüßen spitzbogige Fenster die Levante.

Augustinermönche gründeten das Kloster 1205. Im Laufe des 13. Jh. übernahmen die Mönche die Ordensregeln der Prämonstratenser. Im 13. und 14. Jh. war das Kloster das bedeutendste der Insel; im 15. Jh. setzte sein Niedergang ein. Unter der Herrschaft Venedigs verwandelte es sich in einen ›Sündenpfuhl‹, über den ein venezianischer Inspektor berichtete, dass manche Mönche mit bis zu drei Frauen zusammenlebten, der Kinderreichtum der Mönche das Klostervermögen auffresse, die Bauten zerfielen. Die Osmanen schließlich übergaben Bellapaís der orthodoxen Kirche, die die Klosterkirche bis 1974 als Gemeindekirche nutzte.

Der britische Romancier Lawrence Durrell, der in den 1950er-Jahren in Bellapaís lebte, machte in seinem Zypern-Buch »Bittere Limonen« das Dorf und einen Maulbeerbaum auf dem Dorfplatz unsterblich. Er nannte ihn den ›Baum des Müßiggangs‹. Wer unter ihm rastet, mag damals wie heute kaum noch aufstehen – so idyllisch ist es hier.

Tour-Info

Länge: ab Nicosia und zurück ca. 80 km.
Verkehrsmittel: Taxi oder Mietwagen.
Restaurants: *O Psarás ápo Zygí*, am Hafen von Kerýneia, Mezé ca. 14 €. Ideal für frischen Fisch direkt am Kai. *Kybele*, am Rande des Klostergartens von Bellapais, www.kybele.biz, Hauptgerichte 10–16 €. Ordentliche zypriotische und internationale Küche, fantastischer Blick auf Klosterruine, Meer und Kerýneia.
Hotels: *White Pearl*, direkt am Hafen von Kerýneia, Tel. 815 04 29, www.whitepearlhotel.com, DZ Ü/F 68 €. 7 der Zimmer mit totalem Hafenblick, tolle Dachgarten-Bar. *Ambélia Tourist Village*, am oberen Dorfrand von Bellapais/Beylerbey, Tel. 815 36 55, www.cyprus-ambelia.com, DZ Ü/F ab 45 €. Dorfähnliche Bungalowanlage in üppigem Garten, Pool, Blick auf Kloster und Meer.
Riviera Beach, Tel. 822 20 26, www.rivierahotel-northcyprus.com, DZ ab 35 €. Bungalowhotel westlich Kerýneias in üppigem Garten am Sandstrand.
Öffnungszeiten: *Burg von Kerýneia* Mai–Sept. tgl. 9–18.30, Okt.–April tgl. 9–16 Uhr, Eintritt ca. 5,40 €. *Klosterruine Bellapais* Mai–Sept. tgl. 9–19, Okt–April tgl. 9–16.45 Uhr, Eintritt ca. 3,60 €. *Burg St. Hilárion* Mai–Sept. tgl. 9–18, Okt–April tgl. 9–16.30 Uhr, Eintritt ca. 3,60 €

Tour 4

Fast schon märchenhaft: Kuppelkirche bei Famagusta

Famagusta und Sálamis

Ein Tag voller Geschichte

Die Fahrt an die Ostküste der Insel lohnt vor allem für Geschichtsinteressierte. Am Strand von Sálamis kann man aber auch gut ein paar ruhige Badetage verbringen. Am besten fährt man zunächst nach Famagusta, besichtigt anschließend Sálamis und das Barnabas-Kloster und genießt danach den Strand.

Märchenhaftes Famgusta

Die Stadt, die Kreuzritter, Venezianer und Briten Famagusta nannten, die Türken Gazi Magosa und die Griechen Ammóchostos, ist heute eine moderne Universitätsstadt mit kleinen Industriebetrieben und einem leider versandendem Hafen. Im späten 13. Jh., unter der Herrschaft der fränkischen Lusignan-Könige, entwickelte sie sich aus einer kleinen Siedlung zu einem der bedeutendsten Umschlagplätze im Handel zwischen Europa und der Levante. Sie zog zahllose Kaufleute aus dem ganzen Mittelmeerraum an, die hier Kontore gründeten und Lager unterhielten. Innerhalb der vollständig erhaltenen, venezianischen Stadtmauern standen einst über 360 Kirchen vieler Konfessionen. Famagusta galt im 14. und 15. Jh. als eine der reichsten Städte der Welt. Heute dämmert die Altstadt vor sich hin, versprüht viel Melancholie. Wohnen möchte man hier nicht, aber es gibt Schönes zu sehen.

Am sehenswertesten sind das massive Landtor im Südwesten der Altstadt und vor allem die gotische Nikolaus-Kathedrale, die die Türken wie die Sophienkathedrale in Nicosia nach ihrer Eroberung der Stadt 1571 in die Lala-Mustafa-Pscha-Moschee verwandelten. Danach besucht man den Othello-Turm, einen Teil der Stadtmauer, in dem der Legende nach Othello seine Desdemona ermordete. Wer Famagusta mehr als einen Kurzbesuch abstattet, kann auch noch zum nahen Palm Beach Hotel fahren. Das elegante Fünf-Sterne-Hotel mit schöner Terrasse über dem Strand liegt direkt am Grenzzaun zur Geisterstadt Varósha, in der seit 1974 niemand mehr leben darf. Beim wahrhaft einmaligen Anblick 1974 von den Türken bombardierter Häuser liegen hier Urlauber am feinsandigen Strand in der Sonne und betreiben auch Wassersport.

Highlight 12

Sálamis

Nach nur 15 Minuten Fahrt steht man dann in den Ruinen der Ausgrabungsstätte von Sálamis (L 5). Gelb blühender Riesenfenchel wuchert zwischen den Überresten der Stadt, die bis zum 4. Jh. v. Chr. das Zentrum des mächtigsten Stadtkönigreichs Zyperns war. Bis zu 100 000 Menschen lebten hier. Von den Rängen des einst 15 000 Zuschauer fassenden Theaters überblickt man das weitläufige Gelände am Meer am besten. Von hier aus sieht man auch schon das antike Gymnasion, dessen etwa 50 x 40 m großer Innenhof von Säulen umstanden ist. In einer Apside stehen mehrere Statuen, darunter eine besonders fotogene: Die schwarze, gesichtslose Dame ist Persephone, Tochter der antiken Göttin Demeter und Gemahlin des Totengottes Hades.

Ans Gymnasion grenzen die antiken Thermen. Hier findet man Wasserbecken, Zeugnisse römischer Fußbodenheizung und stark beschädigte Überreste zweier römischer Mosaike sowie einer römischen Wandmalerei. Wer Zeit und Lust hat, kann von hier aus auf verschiedenen Fußwegen durch die weitläufige Wildnis spazieren und stößt auf die Überreste eines antiken Zeus-Tempels und mehrerer frühchristlicher Basiliken. Eine solch naturbelassene Ausgrabungsstätte wie Sálamis gibt es auf Zypern kein zweites Mal!

Nächstes Ziel sind dann die 2 km landeinwärts gelegenen Königsgräber aus dem 7. Jh. v. Chr., die 1962–1974 freigelegt wurden. Auf jeden Fall ansehen sollte man sich die Gräber 47, 49 und 50 östlich des kleinen Museums sowie gegenüber das durch Grabhügel und Schutzdach gut zu erkennende Grab 3. Von den Königsgräbern sind die Kuppeln des mittelalterlichen Barnabas-Klosters zu sehen, das eine kleine archäologische Ausstellung und Ikonensammlung birgt. Am Rückweg nach Nicosia liegen dann noch die Ausgrabungen einer Siedlung aus dem 2. Jt. v. Chr., Egkómi-Alasia.

Tour-Info

Länge der Fahrt ab und bis Nicosia: ca. 130 km.
Verkehrsmittel: Taxi oder Mietwagen
Restaurants: *D&B*, Altstadt von Famagusta, schräg gegenüber der Westfassade der Kathedrale, Pizza ab 6, Steaks ca. 9,50–12 €. Modern, junge Gäste, auch Salate und Pasta.
Koca Reis, nördlich der Ausgrabungen von Sálamis, Hauptgerichte ab 6 €.
Traditionsreiche, sehr große Strandtaverne.
Petek Pastanesi, Famagusta-Altstadt, nahe Kathedrale. Vielleicht die beste Konditorei ganz Zyperns. Auch Zimmer (s. u.)
Hotels: *Portofino*, Fevzi Cakmak Bulvari 9, Tel. 366 43 92, www.portofinohotel-cyprus.com, DZ Ü/F 50–60 €. Modernes Hotel zwischen Landtor und Hafen an der Grenze zur Altstadt, Pool.
Koca Reis, nördlich der Ausgrabungen, gut ausgeschildert, Tel. 378 82 29, Fax 378 83 22, www.kocareisresort.com, DZ Ü/F 50–60 €. Einfache Bungalowanlage mit direktem Strandzugang.
Öffnungszeiten:
Othello-Turm: Mai–Sept. tgl. 9–19 Uhr, Okt.–April tgl. 9–13 und 14–16.45 Uhr, Eintritt ca. 3,60 €. *Ausgrabungen von Sálamis und Königsgräber*, Eintritt Sálamis ca. 3,60 €, Königsgräber ca 2,70 €.
St. Barnabas-Kloster und Ausgrabungen von Egkómi
Mai–Sept. tgl. 8–19, Okt.–April tgl. 8–17.30 Uhr, Eintritt je ca. 2,70 €.

Tour 5

Die Küste auf dem Weg von Dipkarpaz zum Kap Andreas

Unbekanntes Nordzypern

Zwei Tage sind das Minimum

Das unbekannte Nordzypern kann man nur entdecken, wenn man sich dafür mindestens zwei, besser noch drei oder mehr Tage Zeit nimmt. Es bietet vor allem grandiose Natur- und Landschaftserlebnisse, gibt Möglichkeit zu Waldspaziergängen und Mußestunden an noch völlig unverbauten, kilometerlangen Dünensandstränden.

Durchs Kerýneia-Gebirge

Zunächst fährt man von Kerýneia in östliche Richtung und biegt dann zur Passhöhe am markanten Fünffingerberg Pendadáktylos/Besparmak ab. Hinter einer urigen Taverne mit exzellentem Kebab auf der Passhöhe zweigt nach links eine schmale Straße ab. Sie windet sich am Nordhang des Kerýneia-Gebirges durch dichten Wald bis nach Esentepe. Unterwegs passiert sie mehrere Picknickplätze, an denen Tafeln auf dort beginnende, gut markierte Rundwanderwege verweisen.

Historische Sehenswürdigkeiten nahe der Waldstraße sind die Ruine des ehemaligen armenischen Klosters Sourp Magar und des byzantinischen Kloster Antifonítis (nur per Jeep zu erreichen). Zwischendurch bietet die Forststation Alevkaya in einem Herbarium Gelegenheit zum Studium der zypriotischen Botanik und zu einer Rast in einer urigen Waldtaverne.

Einsame Küste

Bei Esentepe trifft man dann wieder auf die Küstenstraße, die nun in eine wenig besiedelte Landschaft durch reizvolle Felder mit lockerem Johannisbrotbaumbestand führt. Mehrfach passiert man kleine Strände; bei Dávlos/Kaplica kann man sogar in einer Pension direkt am Sandstrand speisen und übernachten.

Kantára und Bogaz

Bei Dávlos wendet sich die Straße landeinwärts hinauf zur Kreuzritterburg Kantára, von der aus man die leicht hügelige Karpass-Halbinsel bei klarem Wetter fast ganz überblicken kann. Dann geht es hinunter an die Nordküste, die man beim Hafenort Bogaz erreicht. Hier kann man am Sandstrand baden und auch übernachten.

Unglaubliches Karpass

Die sanfte Hügellandschaft wird jetzt immer einsamer. Man passiert stille, oft von anatolischen Neusiedlern bewohnte Dörfer, die leider verschlossene byzantinische Kirche Panagía Kankária und kommt ins Städtchen Aigialoúsa/Yenierenköy mit zwei Tabakfabriken und einem guten Stadtstrand. Nun führt die Straße an der Nordküste entlang, passiert die kleine Höhlenkapelle Ágios Thýrsos und eine breite, lang gestreckte und völlig unverbaute Dünenlandschaft am Meer. Dann ist der Hauptort der Halbinsel, Rizokárpaso/Dipkarpaz erreicht. Das Dorf in einer weiten Senke ist noch ganz und gar ländlich geprägt. Auch nach 1974 blieben hier mehrere hundert griechische Zyprioten sesshaft und lebten weiterhin mit türkischen Zyprioten Tür an Tür. Kirche und Moschee im Zentrum zeugen davon ebenso wie ein griechisches Kaffeehaus und ein griechisch-orthodoxer Priester. Inzwischen gibt es hier sogar wieder eine griechischsprachige Mittelschule.

Sehr lohnend ist der kurze Abstecher nach Ágios Fílon an der Nordküste. Dort steht zwischen Mittagsblumen unter Palmen ein kleines byzantinisches Kirchlein auf den Überresten einer frühchristlichen Basilika direkt am Meer. Ein 300 m langer Sandstrand ist ganz nah.

Die Strecke von Rizokárpaso zum Andréas-Kloster ist einzigartig schön. In kleinen, fruchtbaren Tälern weiden wilde Esel, immer wieder führen Stichstraßen zu schönen Badestränden. Schließlich passiert man das wie eine Mini-Sahara wirkende Dünengebiet am Golden Beach mit kilometerlangem, gänzlich unverbautem Sandstrand. Dann ist das Kloster erreicht: kunsthistorisch belanglos und wenig fotogen, aber in schönster Lage. Auf dem Klostervorplatz sind zahlreiche Marktstände aufgebaut, denn seit 2003 kommen wieder viele griechisch-zypriotische Pilger an den Ort, wo einst der Apostel Andréas erstmals zypriotischen Boden betrat.

Tour- Info

Länge der Fahrt ab Kerýneia bis zum Andréas-Kloster: ca. 150 km.
Verkehrsmittel: Mietwagen
Restaurants: *Kemal'in Yer*, in Bogási/Bogaz am Hafen, Hauptgerichte 5–15 €.
Taverne im Blockhausstil, stets frischer Fisch.
Hotels mit Restaurants: *Blue Sea*, 3 km von Dipkarpaz an der Straße zum Kloster, Tel. 372 23 93, DZ Ü/F Mai–Sept. 60, sonst 30, Hauptgerichte ab ca. 9,50 €.
Modernes Hotel mit 12 geräumigen Zimmern, großes Restaurant mit Meerblick, Feinsandstrand vor dem Haus. Möglichkeit, mit dem Wirt zum Fischen zu fahren.
Balci Plaza, 2,2 km östlich von Ágios Thýrsos, meerseitig abseits der Küstenstraße (Wegweiser), Tel. 0533 862 93 03, www.balciplaza.com, DZ ab 50 €, Hauptgerichte ab 7 €.
Beste Unterkunft auf Karpass, 2005 erbaut, 12 Apartments, Taverne, 7 km von einem menschenleeren Dünenstrand.
Oasis at Ayfilon, Tel. 0533 868 55 91, www.oasishotel-karpas.com, Hauptgerichte ab 9, DZ 40–50 €.
Taverne am scheinbaren Ende der Welt, direkt am Wasser, 300 m von gutem Sandstrand. Vermietung von sechs Mönchszellen ähnlichen Zimmern direkt am Wasser.
Öffnungszeiten:
Kloster Antifonítis tgl. 9–16 Uhr, Eintritt ca. 2,40 €.
Burg von Kantára tgl. 9–16,45 Uhr, Eintritt ca. 2,70 €.

Register

Hotels

Bildnachweis/Impressum

Bildnachweis:
Titel: Strand von Protarás
Vordere Umschlagklappe: Wasserfall in der Avgas-Schlucht, Akámas-Halbinsel
S. 1: Folkloregruppe in Páfos
S. 6/7: Schulkinder in Limassol
S. 38/39: Kloster Agía Nápa
S. 106/107: Blick auf das Dorf Foiní

Fotografen:
Aqcuardo/LOOK (München): S. 93, 110
Bötig, Klaus (Bremen): S. 62, 79, Umschlagrückseite (oben)
Greune/LOOK (München): S. 8, 28, 51
Hackenberg, Rainer (Köln): S. 2, 106/107, 114, 116
Hemispheres/laif (Köln): Umschlagklappe vorn
Heuer/laif (Köln): S. 22, 86/87
Hub/laif (Köln): S. 68
Kouri/laif (Köln): S. 18
Püschner/laif (Köln): S. 1, 24, 43, 57, 95, 97, 98/99, 103, 104, 108, Umschlagrückseite (unten)
Spyropoulos/laif (Köln): Titel
Thomas, Martin (Aachen): S. 3, 6/7, 9, 12, 14, 46, 52, 112
Trummer/laif (Köln): S. 38/39, 60/61

Kartografie: DuMont Reisekartografie, Fürstenfeldbruck

Ihre Anregungen greifen wir gern auf – schnell und unkompliziert.
DuMont Reiseverlag, Postfach 3151, 73751 Ostfldern, E-Mail: info@dumontreise.de

3., aktualisierte Auflage 2008

Grafisches Konzept: Groschwitz, Hamburg
Druck: Rasch, Bramsche
Buchbinderische Verarbeitung: Bramscher Buchbinder Betriebe